DIE ANTARKTIS LEBT

Eine faszinierende Reise ins ewige Eis

Ron Naveen · Colin Monteath · Tui de Roy · Mark Jones

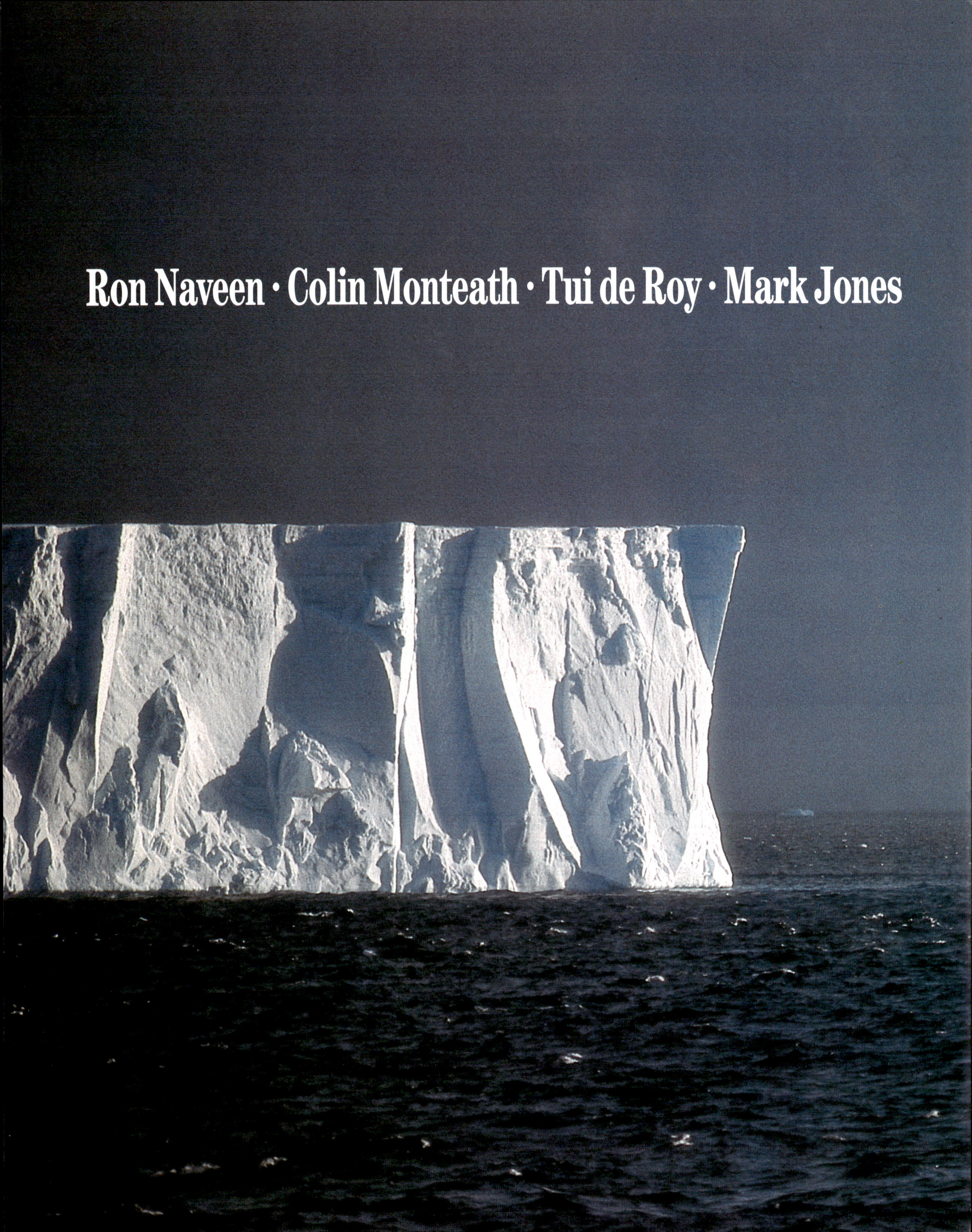

DIE ANTARKTIS LEBT

Eine faszinierende Reise ins ewige Eis

Aus dem Englischen
von Konrad Dietzfelbinger

Frederking & Thaler

Ellen und Alex RON NAVEEN

Marion, Betty, Denali und Carys Monteath für ihre Liebe und nie endende Hilfsbereitschaft bei meinen Reisen in den Süden. COLIN MONTEATH

Meiner lieben Mom und meinem lieben Dad, für Euer Verständnis für den Weg, den mein Leben genommen hat, und für Eure Liebe trotz der Welten, die zwischen uns liegen. Dank dafür, daß Ihr mir die Fähigkeit und Eigenschaft vermittelt habt, immer das Höchste in dieser Welt anzustreben. MARK JONES

All meinen Freunden – den Flossen-, Fell- und Federträgern – und den lieben Menschen, die mich in diese Welt gesetzt und gelehrt haben, sie zu achten. TUI DE ROY

Zusammen widmen wir dieses Buch der innigen Hoffnung, daß die Antarktis und ihr Meer wild und frei bleiben mögen – für immer.

Fotofolge der Eingangsseiten:
S. 1: Erwachsener Königspinguin (MJ);
S. 2–3: Brutplatz von Adélie-Pinguinen auf der Torgerseninsel (CM);
S. 4–5: Das Licht spiegelt sich auf dem Lemairekanal (RN);
S. 6–7: Gewaltige Tafeleisberge, die vom Schelfeis der Antarktis gekalbt wurden (CM);
S. 8–9: Das Vinson-Massiv, mit 4897 Metern der höchste Punkt der Antarktis (CM);
S. 10–11: Adéliepinguine auf Kap Royds, der südlichsten Pinguinkolonie der Antarktis (CM).

Inhalt

Einführung

Vor 150 Millionen Jahren prägte der Superkontinent Gondwana das Antlitz der Erde. Als tektonische Umschichtungen die großen Platten auseinandertrieben, aus denen sich diese riesige Landmasse zusammensetzte, gerieten die Kontinente in Bewegung. So entstand vor etwa 37 Millionen Jahren die Drake-Passage zwischen Südamerika und der Antarktis. Das großartige Ökosystem der Antarktis bildete sich heraus.

Die Dimensionen der Antarktis sind gewaltig. Sie umfaßt rund 14 Millionen Quadratkilometer, was zehn Prozent der Erdoberfläche oder annähernd der Fläche der Vereinigten Staaten und Mexikos zusammengenommen entspricht. Im Winter verdoppelt die Eisdecke auf dem Meer die Fläche des Kontinents. 99 Prozent der Antarktis sind von ewigem Eis bedeckt, das im Durchschnitt fast 2 Kilometer, an manchen Stellen bis zu 5 Kilometer dick ist. 90 Prozent des Eises und 70 Prozent des Süßwassers der Erde sind in diesem Eispaket konzentriert. Das Ökosystem des Südpolarmeers, das die Antarktis umgibt, ist das größte und fruchtbarste der Erde. Es umfaßt 35,5 Millionen Quadratkilometer, was zehn Prozent der Ozeane des Globus entspricht, und erstreckt sich vom antarktischen Kontinent zur antarktischen Konvergenz, einer Linie, an der das nordwärts strömende kalte Wasser der Antarktis auf warme, subantarktische Gewässer aus dem Atlantischen, Pazifischen und Indischen Ozean trifft. Die antarktische Meeresströmung um das Polgebiet herum, die Westwind-Drift, transportiert mehr Wasser als jede andere Meeresströmung der Erde. Der Reichtum dieses Ökosystems ist erstaunlich.

Seit mehr als dreißig Jahren wird dieses System von den Unterzeichnerstaaten des Antarktisvertrags erforscht. Dieser wurde aus einer Welle weltweiter Begeisterung anläßlich des Internationalen Geophysikalischen Jahres geboren, 1959 unterzeichnet und zwei Jahre später in Kraft gesetzt. Heute umfassen die Unterzeichnerstaaten mehr als 75 Prozent der Weltbevölkerung.

Der Vertrag enthält Bestimmungen zum Schutz des Kontinents, der eine Domäne der Wissenschaft und ein Bereich friedlicher, umweltbewuß-

Linke Seite: Schneebedeckte Gipfel an der Dancoküste, getaucht ins Zwielicht des Spätsommers. Auf den schattigen Klippen des winzigen Couverville-Eilands halten Tangmöwen Wache. Die Gerlachestraße ist während des kurzen Sommers ein Futterreservoir für Wale, Robben und Seevögel. (TDR)

Danksagung

1922 schrieb Apsley Cherry-Garrard in seinem zum Klassiker gewordenen Buch »The Worst Journey in the World«, das von der Zeitschrift »Time« besonders gewürdigt wurde – es ist ein Bericht über die Erlebnisse auf der Expedition Scotts in den Jahren 1910–1914–, folgenden denkwürdigen Satz: »Wenn man sich ein paar schlechte, einsame Tage machen will, so erforscht man am besten den Südpol.« Wir als Autoren dieses Buches müssen ein halbes Jahrhundert später feststellen, daß das, jedenfalls für uns, nicht stimmt. Auf unseren insgesamt 60 Reisen in die Antarktis sind wir von der Majestät und Wildheit dieses Kontinents immer wieder überwältigt worden. Uns sind erschütternde, tiefbewegende Erlebnisse in all diesen Jahren zuteil geworden, in denen wir als Wissenschaftler, Abenteurer oder Fotografen dort unterwegs waren.

Die Reisen in die Antarktis haben unser Leben verändert. Alle vier sind wir dabei bemerkenswerten Menschen aus allen Ländern der Erde begegnet, die, jeder auf seine Art, unwiderstehlich von der Antarktis angezogen werden.

Viele dieser Menschen haben uns auf Expeditionen oder bei der Produktion dieses Buches unterstützt. So möchten wir an dieser Stelle unserem tiefempfundenen Dank Ausdruck geben, den wir den Wissenschaftlern und Administratoren der amerikanischen, britischen und neuseeländischen Antarktisprogramme schulden. Was die Amerikaner betrifft, so gebührt unser Dank vor allem den Mitarbeitern und Freunden im Außenministerium, dem National Marine Fisheries Service und der National Science Foundation. Dank sei auch Peter Prince und John Croxall vom British Antarctic Survey, die uns sehr kooperativ viele Bände moderner wissenschaftlicher Literatur zugänglich machten.

Besonderer Dank gebührt Captain T. L. M. Sunter und seiner Mannschaft von dem britischen Eispatrouillenschiff HMS »Endurance« für ihre Kameradschaft, Loyalität, Anteilnahme und Begeisterung.

Jeder von uns ist auch mit Reisegesellschaften in der Antarktis unterwegs gewesen, die nur ein Ziel hatten: die Liebe zum wildesten Kontinent

Linke Seite: Der Schein der untergehenden Sonne liegt auf dem Mount Scott im Lemairekanal. (CM)

Kein Wunder, daß Pinguine – hier einige Adélies – große Begeisterung hervorrufen. Umwerfend komisch stelzen und watscheln sie umher und verbinden pompöse Würde mit überschwenglichem Eifer. (MJ)

der Erde zu wecken. Den Reiseunternehmen Salen Lindblad Cruising, Lindblad Travel und Adventure Network International statten wir unseren Dank für ihre unablässige Unterstützung und das hohe Niveau ihrer Reiseleitung bei Kulturreisen in die Antarktis ab. Wir sind allen Kollegen auf diesen Reisen unendlich dankbar, ohne deren Hilfe viele der hier gezeigten Fotos nicht hätten entstehen können.

Es gibt unzählige Freunde auch sonst überall auf der Welt, deren Hilfsbereitschaft uns unvergeßlich bleiben wird. Sie haben unsere fotografischen und schriftstellerischen Versuche kritisch begleitet und ihnen Richtung gegeben.

Schließlich wäre dieses Buch nicht möglich gewesen ohne den Rat und die großzügige Unterstützung zweier besonders guter Freunde, die ihrerseits die rauhe Schönheit der Antarktis erlebt haben. Auch sie haben sich dadurch anregen lassen, aktiv für die Erhaltung der Unberührtheit dieses Erdteils zu arbeiten. Wir hoffen von Herzen, daß dieses Buch ihnen weiter Stoff zum Träumen geben wird.

Große Eisberge stranden immer wieder an Unterwasserfelsen, die ihren Weg ins offene Meer blockieren. (TDR)

Die Antarktis bietet ein faszinierendes Spektrum von Tieren und Tiergemeinschaften. Hier erholt sich eine Gruppe Königspinguine am Strand der St. Andrew's Bay in Südgeorgien und nimmt ein Sonnenbad. (RN)

schiede reiche Nahrungsbestände aus der Tiefe heraufgewirbelt. Dabei führt *Euphausia superba*, eine krabbenartige Krustazee, die das ganze Ökosystem der Antarktis beherrscht, den Reigen der Nahrungskette an. Alles – Wale, Pinguine, sogar der Mensch als Fischer – profitiert von diesen winzigen Lebewesen, die außergewöhnlich nahrhaft sind: In feuchtem Zustand enthalten sie bis zu 20 Prozent Proteine, getrocknet bis zu 80 Prozent. Damit ist dieser Krill die Kraftnahrung des Südens.

Das Ökosystem der Antarktis und des Südpolarmeeres ist das größte und fruchtbarste der Erde: 35 Millionen Quadratkilometer, das entspricht zehn Prozent der Ozeane der Erde, erstrecken sich vom antarktischen Kontinent bis zur antarktischen Konvergenz. Dessen Reichtum ist erstaunlich: eine jährliche Produktion von pflanzlichem und tierischem Plankton von annähernd 6400 Millionen Tonnen; 33 Millionen Robben mit einem Gesamtgewicht von 7 Millionen Tonnen; 500 000 Wale mit 9 Millionen Tonnen; mindestens 75 Millionen Pinguine und Seevögel, zusammen über 400 Millionen Tonnen; und zwischen 100 und 700 Millionen Tonnen Krill. Man schätzt, daß von Seevögeln, Walen, Robben, Fischen, Tintenfischen und anderen Fleischfressern jährlich 500 Millionen Tonnen Krill verzehrt werden. Aber diese Tiere und Lebensformen sind nur Teile in einem hochkomplizierten Gefüge, bei dem alles in vollendeter Harmonie zusammenpaßt.

Das ganze Jahr über befindet sich Südgeorgien innerhalb der Konvergenz, eine versprengte Insel inmitten eines überbordenden Reichtums an Proteinen. Seinen Abmessungen nach erstreckt es sich etwa 170 Kilometer vom Nordwesten in den Südosten und ist zwischen 1,5 und 30 Kilometer breit. Es liegt 540 Kilometer westlich der Sandwich-Inseln, 2000 Kilometer östlich der Küste Südamerikas, 1020 Kilometer nördlich der South-Orkney-Inseln, und ist 1550 Kilometer von der nächstgelegenen Stelle des antarktischen Kontinents entfernt. Seine Fläche umfaßt rund 4000 Quadratkilometer, von denen mehr als die Hälfte von ewigem Eis und Schnee bedeckt ist. Menschliche Siedlungen gibt es nicht, die Population der Pinguine, Seevögel und Robben ist unübersehbar, und der sich daraus ergebende Minderheitenstatus für den Homo sapiens kann Wunder für dessen Psyche bewirken. Das Ohr stellt sich rasch auf das Pfeifen und Schreien der Königspinguine, das Blöken und Brummen der Pelzrobben und das Rülpsen, Grunzen und Pupen der Elefantenrobben des Südens ein und vermißt nicht die Geräuschkulisse der Zivilisation. Südgeorgien ist für kontemplative Menschen wie geschaffen, es bietet Zuflucht vor der Schizophrenie des Alltags.

Ich selbst war allerdings nicht dort, um Urlaub zu machen, sondern um Pinguine zu zählen, die Erdlöcher der Seevögel zu entdecken und die

reichhaltige Fauna Südgeorgiens zu katalogisieren. Dieser Tag Anfang Dezember in der Royal Bay war ungewöhnlich klar, und ich machte mir große Hoffnungen auf eine sehr direkte und ganz persönliche Begegnung mit einem meiner Lieblingsforschungsobjekte: dem glatten, geheimnisvollen Rauchgrauen Albatros. Es war mein siebter Besuch auf Südgeorgien, aber der erste im Frühsommer, wenn die Rauchgrauen ganz in ihre Balzspiele vertieft sind. Am Strand beim Hubschrauberlandeplatz verabschiedete ich mich von Hunderten von Pinguinen und Scharen von Elefantenrobben, wandte mich westwärts, gelangte durch einen engen Durchgang zur wichtigsten »Königs«-Kolonie der Bay, ließ einen herrli-

Die Nordküste der zerklüfteten Insel Südgeorgien ist einer der Hauptbrutplätze der Königspinguine. Zwar gehört Südgeorgien in mancher Hinsicht zur subantarktischen Zone, doch liegt die Insel südlich der Antarktischen Konvergenz und ist deshalb Teil der Antarktis. (CM)

Oben: Königs- und andere Pinguine verwenden viel Zeit darauf, ihre Verbundenheit mit dem Partner zu stärken. (TDR)
Rechte Seite: Die Brutplätze der Königspinguine sind ein unübersehbares Gewimmel von Vogelkörpern, darüber die Schneegipfel, Grün- und Brauntöne dazwischen. (RN)

Königspinguine brauchen etwa 300 Tage und mehr, bis sie flügge werden. Sie beanspruchen viel Zuwendung durch ihre Eltern. Deshalb kann ein Küken nur innerhalb von zwei Jahren und nur alle drei Jahre aufgezogen werden. (TDR)

chen Kaskadenwasserfall hinter mir und begann bei der ersten günstigen Gelegenheit den Hang hinaufzuklettern. Von Schritt zu Schritt wurde es mühsamer. Ich stolperte vorwärts und stieg über böschungsartige Erhebungen, wobei ich mich an den glatten, aber fest eingewurzelten Tussock-Büscheln festhielt. Als ich mich schließlich an die 70 Meter über der Sohle befand, bemerkte ich, daß ich die Steilheit des sich plötzlich auffaltenden Hangs unterschätzt hatte. Der gefiederte »Prophet« war zwar ganz nahe, verlockend nahe, aber leider verstellten mir die Tussock-Büschel noch die Sicht. Ich hatte mich zu weit vorgewagt und konnte plötzlich weder vor noch zurück. Was über mir wie ein sicherer Pfad ausgesehen hatte, war plötzlich nicht mehr zu sehen, und durch die Wölbung des Hanges war mir die Sicht auf die Tritte verdeckt, auf denen meine Zehen Halt finden mußten. Als ich die steil abfallende Wand entlangblickte, an der Windböen entlangwirbelten, schlug mir das Herz bis zum Hals, und der Schweiß brach mir aus. Den drohenden Absturz vor Augen, verselbständigten sich meine Gedanken, und Visionen tanzten vor meinem geistigen Auge: Ernest Shackleton im Todeskampf in Grytviken; Wal- und Robbenjäger, deren Träume von Ruhm und Reichtum in diesen eiskalten Gewässern in einem nassen Grab endeten; eine märchenhafte Landschaft, unbeschreiblich schön. Und dazwischen ich selbst, ein winziger Punkt inmitten Unmengen von Pinguinen, Albatrossen, Robben und anderen Kreaturen, verloren in den riesigen grünen Tussock-Büscheln, umgeben von den Gipfeln mit ihren leuchtenden Schneekappen, den Gletschern und Eisbergen. Vielleicht war diese Antarktis Gott und mein drohender Untergang nur der Vollzug Seines göttlichen Willens? Wahnvorstellungen umgaukelten mich, ich lächelte den Tausenden von brütenden Königspinguinen zu, die sich weit unter mir in Massen zusammendrängten, und bildete mir ein, ihr weißes, graues und orangefarbenes Kleid werde wie ein Sprungtuch meinen Sturz sanft auffangen.

Aber zum Glück siegte hier auf meinem schmalen Sims die Vernunft: Ich zwang mich zur Ruhe und suchte nach einem Ausweg.

Kolonien von Königspinguinen sind unaufhörlich in Bewegung und daher interessante Schauplätze: Nebel zieht auf und ab, mal scheint die Sonne, mal ist der Himmel bedeckt, und dauernd wandern Pinguine zum Meer und zurück. (RN)

Der Boss

Sir Ernest hatte immer einen Ausweg gefunden. Er war ein hervorragender Führer gewesen, unter dessen direktem Befehl niemals ein Mann verlorenging. »Der Boss« wurde von seinen Leuten geliebt und von ihm ebenbürtigen Männern vergöttert. Amundsen, Byrd und Gould vertieften sich in Shackletons Tagebücher, um sich Anregungen und Informationen für ihre eigenen großen Abenteuerreisen ins »Eis« zu holen. Wenn sich Bedauern in diese hehren Gefühle mischte, so deshalb, weil es Shackleton nie gelang, seine selbstgesteckten Ziele zu erreichen. Immer wieder wurde er in unüberwindliche Schwierigkeiten verstrickt, die seine Expeditionen in heroische Kämpfe ums nackte Überleben verwandelten. 1907 gab Shackleton nur 140 Kilometer vor dem Südpol auf, um die sichere Rückkehr seiner Mannschaft nicht zu gefährden. Dann wurde der Pol für Amundsen und Scott zum Schicksal – wenn auch auf ganz unterschiedliche Weise. 1915 blieb Shackletons Schiff »Endurance«, als er die Durchquerung der Antarktis in Angriff nehmen wollte, hoffnungslos im Packeis des Weddell-Meeres stecken. Als das Schiff barst, rettete er seine Leute aufs Eis, dann in die Boote, mit denen sie schließlich die abgelegene, doch relativ sichere Elefanteninsel erreichten. Man errichtete ein Lager. Es gab reichlich Nahrung in Form von Pinguinen und Robben, aber die Mannschaft war 1300 Kilometer von der nächstgelegenen menschlichen Siedlung entfernt, den Walfangstationen an der Nordküste Südgeorgiens.

Von der Elefanteninsel aus brachen Shackleton und fünf seiner Gefährten zur größten Seereise auf, die je in einem offenen Boot unternommen wurde, und erreichten durch Sturm und Eis wie durch ein Wunder die Südküste Südgeorgiens. Es folgte eine aufregende und gefährliche 36stündige Klettertour über die Berge der Insel, ehe Shackleton, Crean und Worsley durch das breite Tal zur Stromness-Walstation hinabsteigen konnten – zum ersten Mal seit zwei Jahren wieder in Reichweite der Zivilisation! Nach einigen mißglückten Versuchen gelang Shackleton die Rettung seiner 22 zurückgelassenen Gefährten, die unter dem Kommando von Frank Wild unerschütterlich ausgeharrt hatten: »Heute kommt der Boss!«

Südgeorgien ist reich an Erinnerungen an Shackleton. Am geschützten Hafen von Grytviken in der zentral an der Nordküste gelegenen Cumberland Bay erinnert ein weißes Hügelkreuz an den »Boss« und grüßt den Besucher. Hier, in der Nähe einer der größten Walfangstationen der Insel, liegt Sir Ernest begraben. Ein kurzer, verschlammter Weg führt von den verrosteten Trümmern der Station zu Grytvikens idyllischem Friedhof. Elefantenrobben drängeln sich in Massen bis dicht an die brüchige Friedhofsmauer, schnauben, bellen und recken gelegentlich ihre massigen Körper empor. Südlich gegen das Innere zu ragt der Mount Paget in die

Linke Seite: Königspinguine bauen keine Nester. Statt dessen brüten sie die Eier auf ihren Fußspitzen aus. Das hat zur Folge, daß die Kolonien, wenn die Jungen erst einmal alt und selbständig genug sind, in ständiger Bewegung sind und die Vögel unaufhörlich hin und her wandern. Da der Brutzyklus über ein Jahr dauert, finden sich in einer Kolonie alle Stadien der Entwicklung: balzende Paare, brütende Erwachsene, junge Küken oder sich mausernde Halbwüchsige. Doch bilden sich auch bestimmte Gruppen heraus, z. B. mit diesen einjährigen Küken. (MJ)

Rechte Seite: Die Antarktis ist nicht der kahle, nur schwarzweiße Kontinent, wie er in der Vorstellung vieler Menschen existiert. Die niedrig stehende Sonne zaubert in der klaren Luft oft die herrlichsten Farben. (RN)

Höhe, der höchste Berg der Insel, immer wieder von dauernd wechselndem Wetter und Wolken verdunkelt.

Der Friedhof ist die geweihte Ruhestätte für Walfänger, Robbenfänger und einen jungen Argentinier, der dem jüngsten Krieg im Südpolarmeer zum Opfer fiel. Alles beherrschend steht dort der Grabstein Shackletons, ein schlichtes, hohes Denkmal aus Granit am innersten Rand gegen den Hang zu. Unten ist er gesäumt von Plaketten unzähliger Schiffe aller Nationalitäten. Auf der Rückseite befindet sich eine Inschrift, die als Motto über dem Leben Sir Ernests stehen könnte: »Ein Mann muß sein Letztes geben, wenn er das Höchste erringen will.«

Für Shackleton bestand dieses Höchste in der herrlichen Möglichkeit, die Antarktis zu erforschen, und er hat sich dieser Aufgabe mit glühender Begeisterung hingegeben.

Ein Versuch nach dem anderen, ein Mißerfolg nach dem andern – Shackleton hielt durch. Jahre nach dem Scheitern seines Griffs nach dem Südpol und seiner Durchquerung der Antarktis kam Shackleton 1918 ein letztes Mal auf der »Quest« hierher zurück. Das Schiff ankerte im Hafen von Grytviken , die Mission hatte noch kaum begonnen, da wurde Shackleton von heftigen Beschwerden aufs Krankenbett geworfen. Als die Schmerzen zunahmen, ließ er Macklin, den Schiffsarzt, kommen. Shackleton hatte bisher seine Herzschwäche fast vor jedermann, einschließlich seiner Mannschaft, zu verbergen gewußt, doch jetzt war sein Ende gekommen. Erst 48 Jahre alt, starb er Macklin praktisch unter den Händen, wobei er bis zuletzt gegen des Arztes gutgemeinte Mahnungen protestierte, er möge doch mehr auf seine Gesundheit achten.

Hemingway hat einmal festgestellt, der gewöhnliche Grad der Tapferkeit sei die zeitweilige Fähigkeit, mögliche Folgen zu ignorieren. Der höhere Grad der Tapferkeit aber bestehe darin, diese nicht nur zu ignorieren, sondern sogar zu verachten. Dieses Dichterwort kennzeichnet den »Boss« wie kein anderes. Er entriß dem Land und der Natur noch unentdeckte Geheimnisse und setzte sich unaufhörlich für seine Leute ein, aber an sich selbst dachte er nie.

Bei der Überquerung der Berge Südgeorgiens hatte Shackleton stets das Gefühl, er werde von einem unsichtbaren Geist beobachtet, vielleicht sogar beschützt. Er war kein frommer Mann, konnte aber diese Ahnung vom Vorhandensein eines unsichtbaren Begleiters nicht loswerden. Denn es gab für ihn keine andere Erklärung für das unglaubliche Glück, das ihn bei der riskanten Fahrt im offenen Boot von der Elefanteninsel aus und bei dem 36-Stunden-Fußmarsch von der König-Haakon-Bay nach Stromness (erst in unseren Tagen von einem britischen Team wiederholt) begleitet hatte. In seinem Buch »Süden« schreibt er:

Mondaufgang über einem Eisberg in der Gerlachestraße an der Antarktischen Halbinsel. In der unendlichen Stille hat man das Gefühl, ein Teil des antarktischen Lebens und nicht nur ein passiver Beobachter zu sein. Dem Auge bieten sich grandiose Szenen, wie in den Urzeiten der Erde. Vielleicht hat die Antarktis schon vor 37 Millionen Jahren, als sie sich vom Gondwana-Kontinent löste, so ausgesehen. (RN)

»Wenn ich auf diese Tage zurückblicke, bin ich fest davon überzeugt, daß die Vorsehung uns führte, nicht nur über diese Schneefelder, sondern auch über das schneeweiße Meer, das zwischen der Elefanteninsel und unserem Landeplatz auf Südgeorgien lag. Ich erinnere mich, daß es mir während des langen und zermürbenden 36stündigen Marsches über die namenlosen Berge und Gletscher Südgeorgiens oft so vorkam, als seien wir vier, nicht nur drei. Zu meinen Gefährten sprach ich nicht darüber, aber hinterher sagte Worsley zu mir: ›Boss, auf dem Marsch hatte ich immer das seltsame Gefühl, daß noch jemand mit uns ging.‹ Crean gestand, dieselbe Empfindung gehabt zu haben. Man steht hilflos vor der

›Dürftigkeit menschlicher Worte, der Grobheit der Sprache der Sterblichen‹, wenn man versucht, Ungreifbares zu beschreiben, aber dieser Reisebericht wäre unvollständig ohne Hinweis auf dieses Thema, das uns so zu Herzen ging.« Während Shackleton Schwierigkeiten hatte, dieses »Ungreifbare« zu beschreiben, weckten andere Ereignisse seinen Sinn für Poesie und ließen ihn die Großartigkeit all dessen in Worte fassen, was er gesehen und erlebt hatte:

»Reich an Erinnerungen waren wir geworden. Den Firnis der Außenseite hatten wir durchstoßen. Wir hatten gelitten und gehungert, Triumphe gefeiert und im Staub kriechen müssen. Und doch waren wir der Göttin des Ruhms niemals untreu geworden, und durch die Größe des Ganzen war unsere eigene Größe gewachsen. Wir hatten Gott in seinem Glanz thronen sehen und dem Text gelauscht, den die Natur niederschreibt. Wir hatten die Seele des Menschen nackt erblickt.«

Helden

Seit mehr als drei Jahrhunderten ist Südgeorgien das Ziel mutiger und unerschrockener Männer. Die Insel diente als Sprungbrett für viele Forschungsreisende sowie als Basis für Robben- und Walfänger. In unseren Tagen wurde sie zum Schauplatz größerer Gefechte im Südpolarmeer, als sich Briten und Argentinier auf dem Boden und in den Gewässern der Insel bekämpften. Man hat gesagt, die Glocken der kleinen weißen Kirche in Grytviken hätten seinerzeit die Totenklage für Wale und Robben eingeläutet.

Auf der beeindruckenden Gästeliste Südgeorgiens stehen Antoine de la Roche, wohl sein erster Entdecker im Jahre 1675, Kapitan James Cook, der 1775 zum ersten Mal auf der Insel anlegte und noch zweimal wiederkehrte, 1786 die ersten Robbenfänger, 1819 der russische Admiral Gottlieb von Bellingshausen, 1823 James Weddell, 1912–1913 die Brigg »Daisy« unter Kapitän Benjamin Cleveland mit dem großen Ornithologen Robert Cushman Murphy an Bord und 1904 Kapitän C. A. Larsen, mit dessen Ankunft die Walindustrie auf dieser Insel begann. Alle diese Abenteurer zog der Drang nach Ruhm und Reichtum in den Süden; einige fanden, was sie suchten, andere kamen dabei um. Aber keiner von ihnen wollte Entbehrung und Kampf gegen ein ruhiges, bequemes Leben eintauschen.

Das Leben auf Südgeorgien änderte sich. Die einst blühende Walindustrie ist heute (seit 1964–1965) erloschen, doch ihre verrosteten Überreste finden sich noch allenthalben an den geschützten Häfen, Buchten und Ankerplätzen der zentralen Nordküste – in Leith, Stromness, Grytviken,

Husvik oder Prinz-Olav-Hafen. Mehr als 60 Jahre lang verarbeiteten diese Stationen die Hälfte bis zwei Drittel der Wale des Südpolarmeers und verwandelten die mächtigen Körper dieser Tiere in Öl und andere heute völlig überflüssige Produkte. Und in wenig mehr als hundert Jahren wurden die Pelzrobben nahezu ausgerottet. Es heißt, daß die Geister der Wale und Robben auf der Insel spuken, und man fühlt sich in unheimlicher Begleitung, wenn man über die jetzt verödeten Plattformen für die Zerlegung der Wale und über die Mordstrände wandert, über die einst das Blut in Strömen floß.

In Stromness steht noch die Tafel, an der die Tageszahlen mit Kreide angeschrieben wurden. Die Worte »Sei, Sperm, Fin« und andere sind in der oberen Reihe noch lesbar. Im Innern der riesigen Halle stehen die Maschinen still, in den Lagerräumen stapeln sich Hunderte unbenützter Metallteile, und der Boden ist mit Glassplittern übersät. Hinter dem riesigen Gebäude steht das weiße Haus des Verwalters der Stromness-Station, wo Shackleton Hilfe fand. Draußen säumen einige Rentierweiden das Gelände der Station, und daneben stehen verfallene Gemäuer, die von den großen Elefantenrobben schon wieder in Besitz genommen worden sind.

Oft habe ich die grün und braun leuchtenden Hügel hinter Stromness erstiegen, um einen ungestörten Ausblick auf diesen herrlichen Fjord zu haben, aber auch um die unsichtbare Kameradschaft zu erleben, die mich mit den alten Wal- und Robbenfängern verbindet. Ich gebe zu, daß es mir schwerfällt, ihnen gerecht zu werden. Heute sind wir uns darüber im klaren, daß ihre Massenschlächtereien letzten Endes Wahnsinn waren. Wir müssen aber auch berücksichtigen, daß sie in einer anderen Zeit mit ganz anderen Einstellungen und Bedingungen arbeiteten. Heroisch trotzten sie dem miserablen Wetter Südgeorgiens und seinen tückischen Gewässern, aber Hekatomben von Tieren haben für diese Industrien ihr Leben lassen müssen, und es ist noch keineswegs sicher, ob sich die Wale jemals wieder von diesem Aderlaß erholen werden. In den Gewässern drunten sah man sie einst zu Tausenden blasen. Heute liegen ihre gebleichten Knochen massenhaft an den Stränden. Erholt haben sich indessen die Robbenbestände, und die Anzahl der Kerguelen-Pelzrobben übertrifft gar die einstige Population. Die spindelförmigen Gestalten der Pelzrobben sind allgegenwärtig an der Küste, vor allem am nordwestlichen Ende Südgeorgiens. Ich kann das erfolgreiche Comeback dieser Art nur bestätigen, denn öfter, als mir lieb war, bin ich von den muskulösen Raufbolden (den großen, im Harem lebenden Männchen der Pelzrobben) fast aufgefressen worden. Aber es ist recht lehrreich, einmal selbst am Ende der Nahrungskette zu stehen, und wenn der Mensch begehrlich auf

Linke Seite: Elefantenrobben kämpfen um den Vorrang. Dieses Ritual gehört zum Leben der Männchen, die sich an den Stränden eigene Territorien erobern müssen, wo sie dann mit ihrem Harem leben. (TDR)

Nächste Seite: Ein kleiner Teil der Kerguelen-Pelzrobben hat zeitweilig helle Behaarung. Es handelt sich dabei jedoch nicht um Albinismus, und es ist unwahrscheinlich, daß ihre Artgenossen sie ihrer Färbung wegen benachteiligen. (CM)

Eine wandernde Elefantenrobbe nimmt ein Territorium in der verlassenen Stromness-Walfangstation auf Südgeorgien in Besitz. Die Menschen sind kaum noch an Robben interessiert, sondern zu einem viel kleineren Produkt übergegangen – dem Krill. Diese Krebstierchen sind das Kraftfutter im Ökosystem der Antarktis. (RN)

Die Kerguelen-Pelzrobbe lebt in der subantarktischen Zone nördlich der antarktischen Halbinsel. Ihr Knurren ist schrecklich. Sie bildet das aktive Ende der Nahrungskette. Wir sollten die Ausbeutung der Tierwelt durch Robbenschlächtereien sich niemals wiederholen lassen. (RN)

Kampf junger Elefantenrobben am Strand bei Gold Harbor auf Südgeorgien. In diesen Turnieren trainieren sie für künftige Auseinandersetzungen, in denen es um die größte Anzahl der Weibchen und die besten Reviere am Wasser geht. (RN)

Eine Elefantenrobbe nimmt ein Sonnenbad in einem Tangbett. Es sind sympathische Tiere, trotz ihres enormen Zehnzentnergewichtes und ihres drohenden Knurrens. (TDR)

Makkaroni-Pinguine nisten an besonders unzugänglichen Stellen und erschweren es dadurch dem Forscher, ihr Brutverhalten zu studieren. Andererseits wird man durch herrliche Ausblicke belohnt, wenn man sich durch die Scharen dieser »Kampfpinguine« bis in die höheren »Stockwerke« ihrer Kolonien hindurcharbeitet. (RN)

schlüpfen, aber selten überleben beide. Vielleicht ist die Methode, das Alpha-Ei dem überall bestehenden Kampf ums Dasein zu opfern, der Weg der Natur, um die Anzahl der Art konstant zu halten; eine andere Theorie leitet sich von den Gesetzen der Evolution her und führt aus, daß sich Macs und andere Schopfpinguine auf ein Brutmuster mit nur einem Ei zubewegen. Der in der Regel sehr steile Hang hält noch andere Überraschungen bereit. Eines Tages wurden mein Kollege Frank Todd und ich von einem Hubschrauber zu unserem ersten Besuch auf einer der Welcome-Inseln in der Bay of Isles abgesetzt. Diese kleinen Inseln ragen wie grüne und rosa

Flecken aus der Bucht. Das Grün stammt von den unzähligen Tussockbüscheln, das Rosa vom Guano, den die Macs tonnenweise produzieren. Das Tussockgras verursacht dem Forscher große Probleme, da es oft höher als 1½ Meter aufragt und sein Wurzelwerk durch Löcher des Nacht-Sturmvogels, des Tauch-Sturmvogels und des Prions unterhöhlt ist. Auch muß man sich vor den unzähligen Skuas hüten, die hier dichtgedrängt nisten. Es ist eine wahre Pracht, wenn sie vor Einbruch der Nacht zu Tausenden heimkehren.

Ein Hubschrauber ist das beste Mittel, die höheren Punkte der Eilande zu erreichen (die Küsten sind für den Einflug mit Hubschraubern zu felsig), aber es dauert eine Weile, bis man das grüne Labyrinth zum Mac-Land hinunter durchquert hat. Hektar über Hektar voll von brütenden, kreischenden Strähnenköpfen! An diesem Tag war es neblig und trüb; wir machten uns wenig Hoffnung auf ein paar Sonnenstrahlen, die unsere Knochen wärmen und unsere Kleider trocknen sollten. Es sah ganz so aus, als ob die Pinguine lange Tage mit Graupel- und Regenschauern hinter sich hätten: Überall rannen kleine Bäche mit braunem Wasser und ausgefallenen Federn herab, die sich oft auf niedrigeren Terrassen zu großen Tümpeln sammelten. Wir trennten uns. Frank nahm sich das entfernte Ostende des Eilands vor, ich wollte im Süden und Westen arbeiten. Nach einer Stunde verschlechterte sich das Wetter weiter. Der Nebel verwandelte sich in stetigen Regen, Kameras und Notizblöcke mußten wieder eingepackt werden, und der eisige Sprühregen bahnte sich seinen Weg durch die Kleidung bis auf die bloße Haut. Auch war ich vom Hals bis zu den Stiefelspitzen mit Dreck beschmiert, da ich oft im Schlamm ausgeglitten war und mich häufig auf den Bauch gelegt hatte, um mit ausgestrecktem Arm in die Erdlöcher hineinzugreifen.

Ich hob den Feldstecher und versuchte festzustellen, wo Frank abgeblieben war. Etwa hundert Meter weiter stand er – eine durchnäßte Figur im roten Parka. Er blickte ziemlich verdrossen drein. Als er bemerkte, daß ich zu ihm hinüberschaute, signalisierte er Ekel. Erst deutete er mit zwei Fingern auf die Brust, dann bewegte er die Arme auf und ab, wobei die Finger auf den Schlamm wiesen; schließlich hob er die rechte Hand bis zur Kehle. Ein genauerer Blick belehrte mich, daß er über und über von Guano und Federn bedeckt war. Er hatte eine eingehende Inspektion eines der von den Rinnsalen erzeugten Tümpel vorgenommen. Es war kein großer Trost für ihn, daß auch ich vollkommen verdreckt war. Wir wußten beide, daß Wissenschaft schmutzige Fingernägel bedeutet und daß es auf das leibliche Wohl dabei nicht ankommt. Immerhin hatten wir ein paar interessante Daten gesammelt: Es gab weniger Macs, als wir angenommen hatten, was wiederum, wie üblich, zu neuen Fragen führte: War dies ein

Oft konnte ich mich des Eindrucks nicht erwehren, daß für Pinguine der Mensch nur eine andere Art Pinguin ist – ein bißchen fremdartig, nicht immer berechenbar, manchmal gewalttätig, aber ein erträglicher Gesellschafter, solange er still dasitzt und sich um seine eigenen Angelegenheiten kümmert.

BERNHARD STONEHOUSE
»Pinguine«

Pinguine sind wunderschöne Geschöpfe, interessant und lustig. Es macht Spaß, sie zu beobachten, auch wenn sie stinken und ihre Stimmen nicht gerade melodiös sind.

GEORGE GAYLORD SIMPSON
»Penguins Past and Present
Here and There«

schlechtes Krill-Jahr? Oder war das schlechte Wetter schuld? Waren viele erfolglose Brutpaare schon wieder abgezogen?

Im Gegensatz dazu ist die Beobachtung der Königspinguine körperlich nicht so anstrengend. Sie meiden im allgemeinen zu steile Hänge. Ihre Siedlungsgewohnheiten sind variabler. Manche davon sind allerdings erstaunlich. Z. B. haben sie einen relativ schmalen Teil eines Geländes zwischen der 30 bis 60 Meter hohen Gletscherwand und dem ebenso imposanten Berghang gegenüber besiedelt. In wenig mehr als zehn Jahren ist die Kolonie auf einige Hundert Paare angewachsen. Zur Mauser begeben sie sich an die höher gelegenen Stellen des Gletschers und hinterlassen dabei eine schmutziggraue Spur auf diesem herrlichen Stück Eis.

Die »Könige« sind die Beherrscher der subantarktischen Nahrungskette: die zweitgrößten Pinguine der Erde, im Stehen über einen Meter groß, bis zu 75 Pfund schwer. An den Seiten ihrer Köpfe glühen orangegelbe Striche wie umgekehrte Kommas, und durch das schwarze Rückengefieder zieht sich ein grauer Streifen. Bauch und Kehle sind von makellosem Weiß.

Mein erstes Erlebnis mit ihnen hatte ich auf dem berühmten Salisbury-Plain-Brutplatz im Norden der Insel in der Bay of Isles. An dieser Stelle gelangen Robert Cushman Murphy 1912–1913 seine bahnbrechenden ornithologischen Forschungen, dort wirkten Berühmtheiten wie Niall Rankin, Harrison Matthews und Brian Roberts. Breite Gletscher bewegen sich auf die Bucht zu, hohe Berggipfel erheben sich im Süden und bilden einen majestätischen Hintergrund für die etwa 12000 Königspaare, die auf und unmittelbar unterhalb des Tussock-bewachsenen Hangs in der Ebene nisten. Das Wetter ändert sich wie üblich von Minute zu Minute. Am besten erreicht man die Kolonie bei ruhiger See mit dem Hubschrauber, der auf dem breiten, steinigen Strand einen Landeplatz findet, worauf dann ein etwa ein Kilometer langer Fußmarsch gen Süden über sumpfiges Gras und kleinere Tussock-Polster zu dem ansteigenden Hang führt. Zur Rechten ragt beherrschend der nach Murphys Frau benannte Grace-Gletscher auf. Am Strand trifft der Besucher für gewöhnlich auf einen oder mehrere der örtlichen »Fremdenführer«, adrette Burschen, die so aussehen, als kämen sie gerade von einem Futter-Streifzug vor der Küste zurück. Die Einladung ist unwiderstehlich. Das Begrüßungskomitee – ich verfügte bei solchen Gelegenheiten über bis zu zwölf Führer – stürzt sich auf die Füße, inspiziert das Schuhwerk, nickt zufrieden, stößt heisere Schreie aus und dreht sich dann wie auf Kommando um, um nach Süden auf die Hauptkolonie zuzuwatscheln. Häufig wenden sie den Kopf, um sich zu vergewissern, daß man auch folgt. Wenn nicht, halten sie an, drehen sich um und schauen erwartungsvoll. Offenbar fragen sie sich,

Ein Pärchen Makkaroni-Pinguine grüßt den Betrachter. Es steht in seiner Nestmulde zwischen Tussockgräsern auf den Südgeorgien vorgelagerten Welcome-Inseln. Die freundliche Geste täuscht aber: Diese Vögel sind angriffslustig und leicht irritierbar. (RN)

warum der andere nur so langsam vorwärtskommt. Ist man so unbesonnen, sich auf den Bauch fallen zu lassen, sind sie imstande, auf den Liegenden hinaufzuklettern und ihn so lange zu knuffen, bis sie ihn davon überzeugt haben, daß es höchste Zeit ist, weiterzugehen.

Während des subantarktischen Sommers ist Salisbury Plain ein schlammig-feuchtes Terrain, verursacht durch die Schmelzwasser der Gletscher und ausgiebigen Regen. Schon nach wenigen hundert Metern watscheln Empfangskomitee und Gast gemeinsam durch tiefsten Schmutz, wobei die Pinguine entschieden den leichteren Part haben. Während wir uns den Tussockbüscheln nähern, fliegen einige Krickenten

Eine braune Skuamöwe vor grünem Mooshintergrund auf der vor der antarktischen Halbinsel gelegenen Nelsoninsel. In der Eiswildnis finden sich zwei Skuaarten, die beide auch Aasfresser sind. Die Pärchen der Skua erobern sich nicht nur ein eigenes Territorium zum Brüten. Sie teilen auch mit anderen braunen Skuas aus der Nachbarschaft die umliegenden Pinguinkolonien in Jagdreviere auf. Die Südpolarskua auf Futtersuche verbringt weit mehr Zeit über dem Meer als ihre Verwandten. (RN)

überlegen sind, und leben fast ausschließlich von Mord und Raub, sondern gleichen auch in der äußeren Erscheinung einem Raubvogel: in der Färbung ihres Gefieders, den spitzen, gesträubten Halsfedern, dem gekrümmten Schnabel und den langen, scharfen, gebogenen Krallen, die zu den Schwimmhäuten an den Füßen nicht recht zu passen scheinen. Skuas sind ungeheuer starke, schwere Vögel, die in der Luft eher bullig als schnell wirken. Man ist deshalb einigermaßen überrascht zu sehen, daß sie an Wendigkeit einem so flinken, langflügeligen Sturmvogel wie dem Schuhmacher *(Procellaria aequinoctialis)* überlegen sind. In jeder Lebensäußerung der Skua steckt unglaubliche Energie – in der Raubgier, der Nahrungsmenge, die sie in wenigen Augenblicken in sich hineinschlingen kann, und der Lautstärke ihrer Schreie ... Man denkt, wenn man von der Stimme einer Skua spricht, unwillkürlich an einen Wutschrei. Denn das beeindruckendste Bild bieten sie, wenn sie kampfbereit dastehen, die Flügel wie auf einem Wikingerhelm erhoben, und mit ohrenzerreißendem Gezeter protestieren.« Beim Präparieren von Bälgen der Königspinguine am Strand von Salisbury entdeckte Murphy, daß Skuas eifrige Laborassistenten sein können. Denn sie säuberten geduldig »die Innenseite der Pinguinhäute vom Fett. Als sie ihnen, das Innere nach außen gewendet, vorgesetzt wurden, pickten sie den Speck so sauber ab, als ob er abgeschabt worden wäre, und in noch kürzerer Zeit. Sie säbelten mit ihren gekrümmten Schnäbeln kleine Stückchen ab und verschluckten sie so blitzschnell, wie ein Huhn zerstreute Körner aufpickt. Einmal hatte ich 35 Skuas an der Arbeit, und alle unterstützten mich nach Kräften bei dieser wichtigen taxonomischen Aufgabe ...«

Eines der größten Erfolgserlebnisse des Ornithologen besteht darin, daß er seinen Forschungsgegenstand bis in alle Einzelheiten kennenlernen kann. Dann bildet sich ein Band zwischen ihm und den Vögeln, das nur der Forscher, der alle Mühen der Beobachtung auf sich genommen hat, richtig zu schätzen weiß.

In der Tat entwickelte Murphy ein starkes emotionales Verhältnis zu diesen räuberischen Vandalen:

»Skuas sind die Berserker unter den Vögeln. Anscheinend hat ihnen die Natur den Auftrag gegeben, als Geißel Gottes zu wirken ... Aber trotz ihrer Gefräßigkeit, Raublust, ja ihres Kannibalismus rühren sie ganz besondere Saiten im Gefühlsleben des Menschen an. Wenn sie um den Beobachter herumschwirren, ihn mit hellen, furchtlosen Augen ohne jedes Mißtrauen anschauen, das Futter entgegennehmen, das er ihnen reicht, und auf die lautesten Schreie, Pfiffe oder Händeklatschen nicht mehr reagieren als ein Tauber, erliegt man ihrem Zauber und beugt sich ihrem Anspruch, die überlegenen Herren der Schöpfung zu sein.«

Gefiederte Propheten

Symbiosen solcher Art finden sich auf ganz Südgeorgien: Die Pinguine nehmen alle möglichen Reviere in Besitz, um ihren riesigen Scharen Lebensraum zu sichern. Skuas patrouillieren an den Rändern der Kolonien entlang als die für die Entwicklung der Population verantwortliche Gesundheitspolizei, und Albatrosse in den Lüften verbinden Himmel und Erde. Manchmal gibt es für den menschlichen Besucher einfach zuviel zu beobachten und zuviel zu erforschen. Man ist aufgrund der begrenzten Zeit zur Auswahl gezwungen, und wird gleichzeitig angetrieben durch die Furcht, etwas zu versäumen. Meine Lösung dieses Dilemmas hat schon immer in einer leicht nachvollziehbaren Entscheidung bestanden: so viel Zeit wie irgend möglich für die großen Albatrosse. Warum? Weil mich unter allen Tieren die Seevögel am meisten faszinieren. Ich gestehe, daß mich die Tüchtigkeit dieser schwarzgegürteten Flieger in einem Lebensraum, in dem ich selbst weitgehend hilflos bin, begeistert. Wir Menschen leben und arbeiten auf den 25 Prozent unseres Planeten, die von festem Land bedeckt sind. Albatrosse müssen zwar auch an Land brüten, aber den größten Teil ihres Lebens verbringen sie über dem Wasser, den 75 Prozent der Erde, die ihr Lebenselement und uns so fremd sind. Oft habe ich mich in ihre Welt hineinzudenken versucht und mir vorgestellt, wie ich über Berge und Klippen hinaufschwebe, um mich über brausenden Wogen leicht auf die Seite zu legen und gelassen dem grausamsten der Elemente zu trotzen. Aber meine Knochen sind dafür zu schwer, meine Arme und Beine ungeeignet. Die Schöpfung hat mich für eine andere Art der Existenz bestimmt. Angesichts ihrer Leistungen ist man durchaus versucht zu fragen, welche Art nun die höher entwickelte ist.

Solche Gedanken führen wie von selbst zu einer Partnerschaft aller Lebewesen. Je mehr ich über die anderen Arten und ihr Leben weiß, desto reicher wird mein Blick auf die Welt, desto reicher werde ich selbst. Auf diese Weise entsteht eine höhere Art der Forschung. Diese Forschung beginnt am Meer.

Meine erste Reise in den äußersten Süden war anstrengend und kalt – und voller Erwartung. Stunden um Stunden verbrachte ich auf dem Vorderdeck, spähte zum Horizont und aufs Meer hinaus, wartete und betete, daß sich mein Wild doch endlich zeigen möge. Als der ersehnte Augenblick schließlich kam, war der Himmel mit dunklen Wolken verhangen, und kaum ein Sonnenstrahl drang hindurch. Über das Deck fegte ein heftiger Wind von 30 bis 40 Knoten, der die Wogenkämme zu weißem Schaum zerstäubte – Albatros-Wetter. Das Schiff rollte heftig, während wir durch die Drake-Passage gen Süden steuerten. Seevögel haben anders als wir keine Navigationsprobleme. Sie durchfliegen mühelos den schnell ziehenden Nebel. Schließlich erschien ein Albatros. Er schien aus dem

Nichts zu kommen, wurde rasch größer und näherte sich viel schneller, als ich erwartet hatte.

Es gibt auf der Welt 14 Albatrosarten. Der größte ist der Große wandernde Albatros mit einer Flügelspannweite von 4,30 Meter, der kleinste der glatte, rauchgraue Albatros mit 2,30 Meter. Hohe, windumtoste Vorgebirge oder Inselspitzen sind ihre bevorzugten Nistplätze, da sie schnelle Abflüge erlauben. Sie halten diesen Plätzen ebenso die Treue wie ihrem Lebensgefährten und kehren immer wieder dorthin zurück. Die Albatrosse leben lange, die Großen und Königsalbatrosse vielleicht bis zu 60 Jahre oder mehr. Nach dem Brüten machen sie Ferien über dem Meer. Wieder zurückgekehrt, vertiefen sie sich hingebungsvoll in ein aufwendiges Balzritual mit viel Flügelspreizen, Verbeugungen, Geschrei und Gestöhn. Allmählich läßt sich die Partnerin verführen, und während der Große Albatros seine ehelichen Pflichten erfüllt, strecken dann beide Vögel den Schnabel zum Himmel, spreizen Brust an Brust die Flügel und leiten so eine neue Brutperiode ein.

Die Kraft und Beweglichkeit eines Albatros im Flug läßt kaum vermuten, wie unglaublich sanft er an Land ist. Ist der Versuch, zu einem Pinguin-Nistplatz vorzudringen, ein gefährliches Unterfangen, so kann es geschehen, daß die Albatrosse mit ihrem fußlangen, gedrungenen Schnabel weich an den ausgestreckten Armen des Forschers entlangreiben und daran knabbern. Diese Freundlichkeit spiegelt vielleicht die Liebe und Geduld wider, die der Albatros bei der Brutpflege aufbringen muß. Beim Großen Albatros dauert es bis zu 280 Tage, ehe die Jungen schlüpfen. Das bedeutet, daß die Elterntiere jeweils zwei von drei Jahren mit der Brutpflege verbringen. Junge Albatrosse segeln, wenn sie endgültig flügge geworden sind, bis zu acht Jahre über dem Südpolarmeer umher, bevor sie zurückkehren und ihre ersten Brutversuche unternehmen.

Südgeorgien ist reich an brütenden Albatrossen: Vögel mit schwarzen Augenflecken, grauköpfige Große Albatrosse und Rauchgraue, wobei diese die einzigen waren, deren Brutbiologie ich bisher trotz unablässiger Aufmerksamkeit nicht hatte untersuchen können. Wie Murphy bezeugt, sind es herrliche, anmutige und geheimnisvolle Tiere:

»Der rauchgraue Albatros der Antarktis vermittelt mit seinem perlfarbenen Rumpf, der einen Gegensatz zur schwarzen Haube und den Flügeln bildet, den kuriosen Eindruck eines Mönchs mit Kapuze. Die meisten der volkstümlichen Namen für diesen Vogel, wie Piuh und Piarr, sind von seinem charakteristischen Schrei auf den Nistplätzen abgeleitet ... Ihre von einem weißen Ring umgebenen Augen, die ihnen den Ausdruck ständiger Verwunderung verleihen, sind auch noch über Schiffslängen hin zu erkennen. Zweifellos sind diese seltsamen kreisförmigen Zeichnungen

Rechte Seite: Ein mittelgroßer Albatros der Subantarktis. Dieser grauköpfige Albatros steht in seinem von Tussock umgebenen Nest auf der Diego-Ramirez-Insel, südwestlich Kap Hoorn in der Drake-Passage und schaut sehr entschlossen drein. (RN)

Worüber ich bei Tieren der Wildnis so glücklich bin, ist, daß sie überhaupt existieren. Noch glücklicher bin ich aber, wenn ich sie tatsächlich beobachten kann. Denn sie haben ihre ganz eigene, wunderbare Würde und nehmen nicht die geringste Notiz von mir. Sogar auf die Beobachtung durch mich würden sie gern verzichten. Allein schon durch ihre Unbefangenheit zeigen sie mir, welch ein Privileg es ist, nur die Augen aufmachen und sie bewundern zu dürfen.

ANNIE DILLARD
»Pilgrim at Tinker Creek«

Mit vorgereckter Brust und zum Himmel erhobenem Schnabel verkündet dieser Wanderalbatros auf der Prioninsel vor Südgeorgien, daß er zu seinem Nest zurückgekehrt ist. (RN)

Ein Wanderalbatros auf der Prioninsel vor Südgeorgien. Er entfaltet seine Schwingen im auffrischenden Mittagswind. Albatrosse nehmen sich gern ein »Zimmer mit Aussicht« und sichern sich so die herrlichsten Brutplätze der Vogelwelt. (RN)

Oben: Der Königsalbatros, der nächste Verwandte des Wanderers, hat seine Nistplätze auf dem neuseeländischen Territorium der Eiswildnis. Dieses Pärchen brütet auf der Campbellinsel. Links: Der Einsatz der erwachsenen Königsalbatrosse für ihre Jungen ist enorm. Dieses gerade ausgeschlüpfte Küken braucht etwa neun Monate, bis es flügge ist. (CM)

Die Balz der Wanderalbatrosse zeigt sich in unaufhörlichen Verbeugungen und Tanzbewegungen, dauerndem Herumstolzieren und Schnabelaufreißen. Nach der Brutsaison fliegen die Partner getrennt zum Meer, um sich aufzufüttern und zu erholen. Sie nisten auf Vorgebirgen – hier auf der Prioninsel, einem Eiland vor der Nordküste Südgeorgiens – und müssen, wenn sie zurückkehren, erst vor den anderen Erwachsenen, die die Rückkehr ihrer Partner erwarten, Spießruten laufen. (RN)

Der Albatros ist mit einer Flügelspannweite bis zu 4,30 Metern der größte Wanderer der Lüfte. Die Küste sucht er nur zum Brüten auf. Er ist Herr über die Meere, jene 75 Prozent der Erdoberfläche, die für uns Menschen unbewohnbar sind. Die Drake-Passage, wo diese Aufnahme entstand, ist ein beliebtes Futtergebiet für viele Albatrosarten. Hier gibt es aber nicht nur genügend Nahrung, sondern auch die tosenden Winde, die der Albatros so liebt. Der Ornithologe Robert Cushman Murphy hat den Ausspruch geprägt: Nur für die Albatrosse bläst der Wind aus vollen Lungen. (RN)

Die Balz des Wanderalbatros ist ein besonders faszinierendes Schauspiel. Nach der Aufzucht seines letzten Jungen war dieses Paar getrennt kreuz und quer über das Südpolarmeer geflogen. Jetzt ist es zu seinem bevorzugten Nistgebiet auf der einsamen Albatrosinsel vor Süd-georgien zurückgekehrt. (RN)

Sturmvogel mit weißer Zeichnung am Kinn. (RN)

Kaiserkormoran (TDR)

Rauchgrauer Albatros (TDR)

Ein Küken des Königpinguins im Wollkleid. (MJ)

Die braunen Skuas sind die »Ritter« der Eiswildnis, die Kontrolleure der Bevölkerungsentwicklung. Sie suchen die Strände und Pinguinkolonien nach schwachen, kranken und leichtsinnigen Tieren ab. Diese Funktion der biologischen Auslese wird von den Menschen oft unterschätzt. Hier auf der kleinen Insel »Minerva Alarm« vor Südgeorgien verteidigen die Skuas vehement ihr Territorium und ihre Jungen. Beim kleinsten Anzeichen einer Störung spreizen sie drohend ihre weißen Schwungfedern. (RN)

Die Eiswildnis schafft eine interessante Artenvielfalt, darunter auch diesen Riesensturmvogel des Südens. Mutter und Junges stehen in ihrer Nestmulde, umgeben von Tussockbüscheln, auf der Albatrosinsel in Südgeorgien. (RN)

zusammen mit der dunklen Erscheinung des Vogels die Ursache für den Namen Phoebetria, ›Prophet‹, gewesen und für den legendären Ruf, den der rauchgraue Albatros bei den Seeleuten besitzt.«

Oft hatte ich sie in der Thermik vor den riesigen Tafeleisbergen im Süden ihrer Brutplätze auf den Riffen an der Konvergenz auf- und absteigen sehen und war ihnen in der Drake-Passage begegnet. Aber während der Höhepunkte ihrer Balz auf den Felsenriffen Südgeorgiens war es mir nur selten geglückt, sie zu beobachten. Ihre Anziehungskraft auf mich wuchs in gleichem Maße, in dem mir weitere Besuche in den folgenden Jahren immer weniger direkte Begegnungen einbrachten.

Aus den Forschungen des British Antarctic Survey wissen wir, daß die rauchgrauen Albatrosse alle zwei Jahre nisten und sich hauptsächlich von Tintenfischen oder, in geringerem Ausmaß, Krill ernähren. Auch Fische verschmähen sie nicht. Sie durchmessen auf der Suche nach einer Mahlzeit große Entfernungen, manchmal weit in den Süden hinein bis zum Packeis. Die Küken werden verhältnismäßig selten und mit weniger hochwertiger Nahrung gefüttert (Tintenfische enthalten weniger Kalzium als Krill), und dies hat zur Folge, daß eine Brutperiode 140 Tage dauert und somit nicht jährlich gebrütet wird. Die Vögel nisten gerne in einsamer Höhe auf Klippen und Riffen, obwohl gelegentlich auch einige Paare in harmonischer Nachbarschaft zu finden sind. Ihre klagenden Schreie sind mit dem Miauen von Katzen und dem Gebrüll von Eseln verglichen worden. Vor der Eiablage stoßen sie laute Schreie aus, lassen sie aber auch in den ersten Wochen ihres 70 Tage dauernden Brutgeschäftes immer wieder hören.

Später ergab sich dann die einmalige Chance, meine Informationslükken über den rauchgrauen Albatros auszufüllen, und mit Begeisterung beteiligte ich mich Ende 1988 an einem Forschungsunternehmen in Südgeorgien. Frank Todd und ich arbeiteten an Bord des britischen Eispatrouillenschiffs »Endurance«. Mit der großzügigen Unterstützung von Kapitän Tom Sunter und der British Royal Navy lieferten wir unseren Beitrag zum langfristigen Forschungsprogramm der British Arctic Survey über die Pinguinkolonien und Seevogelniststätten Südgeorgiens. Es war dies eine einmalige Gelegenheit, sich der Bordhubschrauber zum Besuch von entlegenen Plätzen zu bedienen, die bisher nicht eingehend hatten untersucht werden können. Z.B. lagen viele der Nistplätze vor der Küste auf unersteigbaren Felsen. Viele Fragen waren noch offen: Welche Vögel brüteten? Saßen sie auf Eiern, oder hatten sie schon Küken? Gab es eine Rattenplage oder nicht? Insbesondere wollten wir feststellen, ob der blaue Sturmvogel, eine erst jüngst entdeckte brütende Art, auch an anderen Stellen anzutreffen war. Ein weiteres Forschungsziel war die Verbreitung der Königspinguine auf der Insel. Wir hatten die Chance, fast ohne Zeitverschiebung eine große Anzahl von Kolonien zu katalogisieren und die letzten Berichte und Studien auf den neuesten Stand zu bringen. Das Beste aber war, daß mindestens vier unserer Forschungsreviere Nester des rauchgrauen Albatros aufwiesen. Selbst wenn sich die brütenden Vögel bei unserer Ankunft schnell entfernen sollten, durften wir auf einige Sternstunden hoffen.

Nach einigen erfreulichen Entdeckungen – z.B. daß der blaue Sturmvogel am R-32-Nistgelände im Südostteil der Insel seßhaft geworden war oder dem bemerkenswerten Anwachsen der Pinguinpopulation in der Fortunakolonie – näherte sich schließlich der für die Royal Bay bestimmte Tag. Diese liegt weit drunten am südöstlichen Ende der Insel und öffnet sich breit nach Nordosten zum Meer hin. Es gibt dort zwar einige kleinere Häfen, aber sie bieten kaum Schutz vor dem Wind, und die Anker halten nicht im Grund.

Scharen von Pinguinen befinden sich dort, einige größere Mac-Kolonien am östlichen Riff und einige Papua-Pinguin-Kolonien im Westen. Auch zeigen sich, wenn die Bucht ruhig ist, blasende Wale.

Aus dem Hubschrauber boten sich spektakuläre Ausblicke auf den Ross-Gletscher im Westen und den gigantischen Weddell-Gletscher an der Mündung der Bucht im Osten. Wir landeten am Fuß einiger hoch aufragender, fast senkrechter Riffe, etwas nordwestlich des Weddell-Gletschers und bei einer wie ein Amphitheater geschwungenen Sandbank. Frank eilte sofort auf die Pinguine auf der Sandbank zu, während ich von den schreienden rauchgrauen Albatrossen wie hypnotisiert war. Nachdem ich den engen Durchgang hinter mich gebracht und den Anstieg begonnen hatte, fand ich mich in der eingangs berichteten schwierigen Lage 70 Meter über dem Tussockterrain wieder. Ich hatte den so einfach erscheinenden Weg zu den Albatrossen völlig falsch eingeschätzt. In dieser prekären Situation verharrte ich während endloser Sekunden nervenzerreißender Anspannung, als plötzlich unerwartete Stille eintrat. Das »Püarr-ie« hatte aufgehört. Die Königspinguine drunten waren außer Hörweite, und merkwürdigerweise hatte sich auch der Wind gelegt. Nur das Tropfen des Schmelzwassers war zu hören, das mir über die Hände und den Hang hinab sowie über die unsicheren Tritte lief, auf denen meine Füße Halt fanden. Eng preßte ich mich an den Hang, ohne auf den Schmutz zu achten, der meine Kleidung besudelte. Vorsichtig wandte ich den Blick nach Westen, wo ich die Umrisse von Moltke Harbor sehen konnte. Dort hatte ich mit Vergnügen die Turniere der jungen Bullen der Elefantenrobben und die arktischen Seeschwalben beobachtet, als sie von ihrer 12 000 Kilometer langen Reise in den fernen Norden zurückkehrten. Ebenfalls dort war ich zum erstenmal zu den Nestern der rauchgrauen Albatrosse hinaufgeklettert.

Dieser rauchgraue Albatros streckt seinen Schnabel hoch in den Himmel über der St.-Andrew's-Bucht in Südgeorgien. Sein Ruf erklingt nur, wenn der Partner vorbeifliegt. Andere Rauchgraue werden ignoriert. (RN)

Da wurde ich von einem der Rauchgrauen aus meinen Träumen gerissen, der blitzschnell, fast Auge in Auge mit mir, in Richtung auf den Weddell-Gletscher vorbeihuschte. Er ließ nicht das leiseste Zögern erkennen, als er, vielleicht in einer Entfernung von einem Meter, an mir vorbeisauste. Ich konnte genau die schöne weiße Zeichnung ums Auge und die blaue Furche am Schnabel erkennen, ja fast berührte ich seine schlanken, spitzen Flügel, als ich mich rasch umwandte, um ihm nachzuschauen. 15 Meter weiter legte er sich in eine scharfe Kurve nach Norden und kehrte in einem Bogen gegen den Uhrzeigersinn zurück. Da ertönten plötzlich heftige »Püarr-ie-Püarr-ie«-Schreie dicht über mir. Der im Bogen fliegende Albatros änderte den Kurs, ließ sich wie ein Stein direkt auf mich und die Stimme in meiner Nähe herunterfallen und verschwand, höchstens ein paar Armlängen hinter dem Vorsprung. Ich kann mich an nichts mehr erinnern, jedenfalls muß ich doch noch an den Tussockbüscheln Halt gefunden und irgendwelche Vorsprünge im Abhang entdeckt haben. Jede

Nächste Seite: Ein rauchgrauer Albatros auf den Höhen der St.-Andrew's-Bucht überblickt sein Reich. Mitbewohner sind Zehntausende von Königspinguinen an dem drei Kilometer langen Brutstrand sowie zahlreiche Elefantenrobben, die sich im Schlick am Fuß der Klippen wälzen. (RN)

zwischen den Molekülen herausgepreßt worden. Es ist Eis von höchster Dichte. Eis dieser Art bildet die unteren Schichten der größten Gletscher, die sich unendlich langsam ihren Weg von der Eiskappe am Pol zum Ozean hinunter bahnen. Dort brechen dann große Brocken ab und werden zu frei treibenden Eisbergen. In Wind und Wellen verwittern sie, werden von den Elementen plastiziert und modelliert, bis Formen entstehen, wie sie sich der phantasievollste Künstler nicht besser ausdenken könnte. Der blaue Berg vor mir war ein solches Gebilde, er erzählte diese immer gleiche Geschichte. Wie viele Jahre war er schon auf den Strömungen des Ozeans unterwegs? Wie lange noch würde es ihn geben?

Ich wußte in diesem Augenblick noch nicht, wie aktuell diese Betrachtungen waren. Denn langsam, ganz langsam geriet der Berg ins Rollen. Fast unmerklich neigte er sich vornüber. Vielleicht war er durch die schwere Dünung aus dem Gleichgewicht geraten und suchte sich nun wieder zu stabilisieren. Es sah fast so aus, als überlege er sich jede Bewegung. Von Schluchten, die plötzlich emporgehoben wurden, stürzten Wasserbäche herab, während schmale Eissäulen unter die Wellen gedrückt wurden. Dann aber begann er sich zögernd und ächzend wieder aufzurichten. Die dabei auftretenden Spannungen mußten ungeheuer sein, zu groß für die einfach strukturierten Eiskristalle, die so lange aneinandergehangen hatten. Die ersten Teile brachen ab und stürzten krachend ins Meer. Der blaue Berg schien sich unentschlossen zu winden, während immer mehr Brocken mit dumpfem Aufprall ins Wasser klatschten. Unsichtbare Schockwellen erschütterten die azurblauen Täler des Berges und verursachten Millionen haarfeiner Risse im Eis. Riesige Blöcke spalteten sich ab, glitten rauschend in den Ozean und brachen den Giganten buchstäblich entzwei. Nach ein paar Minuten war alles vorüber. Nicht länger glitt der blaue Berg durch die hohen Wogen des Südpolarmeers, nicht länger warf er Wind und Wellen zurück, die sich so hartnäckig an seinen Flanken gebrochen hatten. Jetzt rollten die Wellen unbekümmert weiter und stießen sich kaum noch an den vergehenden Resten des Berges.

Die Antarktis ist eine Welt für sich, einfach und doch kompliziert. Wenn man aus gemäßigten Zonen Richtung Süden fährt, spürt man beim Näherkommen ihre Gegenwart an bestimmten Zeichen: Da ist einmal die große Leere. Das Leben verliert mit zunehmender Kälte an Artenreichtum

Ein typischer Wolkentag in der Antarktis. Er wirft gedämpftes Licht auf eine Schar Papua-Pinguine und einige Eisberge auf der Couvervilleinsel. (TDR)

und gewinnt dafür an Fülle. Der frische Wind erzeugt ein Gefühl der Freiheit. Niemals berührt er Land auf seinem endlosen Weg über das Meer nach Osten. Träge Flauten und heftige Stürme wechseln einander ab. Man steht an Deck, folgt mit den Augen dem dahinsegelnden Albatros, empfindet den zunehmenden Frost, das Beißen des Windes und das Wiegen der See. Schließlich kommt das Eis. In vereinzelten Bruchstücken kündigt es sich an, nimmt dann an Größe, Variation und Häufigkeit zu und beherrscht schließlich alles.

Der erste Bote der Antarktis ist immer ein Eisberg. Es kann ein Monolith sein, der sich quer über den Horizont schiebt, ein kaum erkennbares Phantom im Nebel oder eine in der Sonne glitzernde, blendende Skulptur, die den Weg in diese neue Welt weist. Es gibt Eisberge, die einen unauslöschlichen Eindruck machen. Der eine sieht darin ein Schloß mit befestigten Wällen, ein anderer eine Kathedrale mit hohen Turmspitzen, ein dritter einen Wohnblock mit flachem Dach. Fast jeder vergleicht spontan diese phantastischen Gebilde mit vertrauten Formen der Zivilisation. Aber in der reinen Welt der Antarktis sind Eisberge eben nichts als Eisberge. Sie flößen Ehrfurcht ein in ihrem unendlichen Reichtum an Formen, die das Licht widerspiegeln und dem ästhetischen Sinn des Betrachters schmeicheln. Es gibt jedoch auch sterbende Riesen, die von Minute zu Minute dahinschmelzen, sobald sie den Kontinent verlassen haben, der sie gebar. Sie enden, wie sie begonnen haben – als Tropfen in der Unendlichkeit des Ozeans.

Eine Welt aus Eis

Die Antarktis ist ein Land der Superlative. Sie ist der fünftgrößte Kontinent, aber auch der höchste, trockenste, kälteste und windigste – Eigenschaften, die alle auf einen simplen Sachverhalt zurückgehen: das Eis. Man hat die Erde den »Wasserplaneten« genannt. Doch befinden sich 99 Prozent des Süßwassers der Erde in festem, kristallinem Zustand. Eis stellt die reinste Form des Wassers dar und bedeckt etwa ein Zehntel der Erdoberfläche. Circa 90 Prozent dieses Eises liegen in der Antarktis und bilden dort eine mächtige Eiskappe am Südpol.

Ohne diese Eiskappe wäre der Kontinent der kleinste von allen: eine sehr viel kleinere Landmasse im Osten und eine unscheinbare Kette von Inseln und Archipelen im Westen. Das Eis verbindet sie alle. Im Winter, wenn das Meer zufriert, verdoppelt sich das Gebiet der Antarktis auf mehr als 30 Millionen Quadratkilometer und ist damit über dreimal so groß wie die Vereinigten Staaten oder so groß wie ganz Afrika. Der höchste Berg,

Nähert man sich der Antarktis von der Südspitze Amerikas durch die gefürchtete Drake-Passage und überquert die Linie der Antarktischen Konvergenz, sinken die Temperaturen merklich. Eisberge wie dieser Koloß tauchen dann immer wieder aus dem Nebel auf. Manche sind oben flach und glatt wie Glas, andere durch die Einflüsse des Meeres und Windes voller Spalten und Risse. Sie strahlen farbiges Licht von Flaschengrün bis zum irisierenden Blau eines Eisvogels aus. (CM)

Große Teile der Antarktis werden ständig von Stürmen mit einer Geschwindigkeit von bis zu 350 Stundenkilometern blankgefegt. Wettervorhersagen kündigen gewöhnlich starke Winde und Orkane an. Es gibt aber auch Augenblicke, in denen die Eiswildnis in schweigender Stille verharrt und nichts die elementaren Gewalten der Natur verrät. (RN)

Nächste Seite: Die antarktische Halbinsel ist von Hochgebirgsgipfeln und tief eingeschnittenen Gletschertälern übersät, was Reisen auf diesem Teil des Kontinents mühsam und gefährlich macht. Dieses Foto ist nur wenige Kilometer von der Faraday-Station des British Antarctic Survey entstanden. Sie liegt am Südende des Lemairekanals. (CM)

Das Land hat ein ganz eigenes Gepräge, reiner und klarer, als wir es uns vorstellen können. Daraus folgt, in welcher Haltung wir uns ihm nähern müssen: ohne Machtgelüste und voll Achtung.

BARRY LOPEZ
»Arctic Dreams«

das Vinson-Massiv, weist nur 5140 m auf. Das ist eine eher bescheidene Höhe im Vergleich zu den anderen Gebirgen der Erde. Aber die Mehrzahl der antarktischen Bergketten ist völlig von einer gewaltigen Eisschicht bedeckt. Stellenweise erreicht die Dicke dieser Eiskappe 4700 m und begräbt nicht nur Berge unter sich, sondern füllt auch tiefe Gräben auf, die sonst unter Meereshöhe liegen würden. Damit gibt sie dem Kontinent eine durchschnittliche Höhe von etwa vier Kilometer. Auf diesem hohen Plateau wirkt das Eis wie ein riesiger Hitzereflektor, der 80 Prozent der Sonneneinstrahlung zurückwirft. Deshalb hat man dort mit –89° Celsius die niedrigste Temperatur der Erde gemessen. Die Winterdurchschnitte liegen im Bereich zwischen –50° bis –60° Celsius, die Sommerspitzen bei –15°.

Die Kälte ist so groß, daß sie nicht die geringste freie Feuchtigkeit duldet. Es gibt zwar eine Art Tau, aber nur in Form winziger Eiskristalle, die man Diamantenstaub nennt. Der Schnee ist so pulvertrocken, daß er bei jedem Schritt wie Styropor knirscht. Die durchschnittliche Niederschlagsmenge liegt größtenteils unter fünf Zentimeter pro Jahr – die Antarktis ist eine der trockensten Wüsten der Erde. Hier entstehen auch die orkanartigen Winde, die sich in heftige Blizzards verwandeln können. Es sind dies zeitweise auftretende Fallwinde, erzeugt von der Schwerkraft des Eises. Die eiskalte, dichte Luft fließt ungehindert von den höheren Teilen des Polplateaus herab und wird immer schneller, je mehr sie sich der Küste nähert. Dabei können Windgeschwindigkeiten bis zu 320 Stundenkilometer auftreten.

In größerem Maßstab erzeugt die Begegnung der kalten Luftmassen vom Eispol mit den über den Ozean streichenden wärmeren Westwinden einen gefährlichen Sturmgürtel rund um die Antarktis. Ständig bilden sich massive, spiralige Tiefdruckgebiete, die sich auf den Kontinent zubewegen und ihre Energien über den Küsten und Küstengewässern abladen. Sie formen eine ununterbrochene Kette von Tiefdruckzonen, die als antarktische »Tiefdruckrinne« bezeichnet wird.

Die Grundlage, auf der die ganze Antarktis ruht, ist das Eis. Eis ist die Antarktis, und die Antarktis ist das Eis. Nur ein Prozent des Kontinents ist eisfrei. Eis tritt in unendlich variablen, vielfältigen Formen auf, vom winzigen Splitter bis zum gigantischen Gletscher. Man hat 78 verschiedene Eisformen festgestellt: »Pfannkucheneis« und »Kugeleis«, grünes Eis und milchiges Eis, Eisnebel und Eisblumen, »Haufeneis« und »Satteleis«. In der Antarktis ist alles Eis.

Wenn die Sonne im Lemairekanal untergeht, schlüpft das Licht durch die Lücken zwischen den Gipfeln. Der große amerikanische Forscher und Geologe Larry Gould bemerkte einmal, das Licht der Antarktis mache ihn manchmal »ganz schwindlig«. (RN)

Nächste Seite: Unter dunkel drohenden Sturmwolken liegt dieser gekenterte Eisberg in wahrhaft surrealer Beleuchtung. Seine sanften Konturen sind von den Wellen des Meeres ausgewaschen. Und so dient er einer kleinen Gruppe Zügelpinguine als willkommener Rastplatz. (MJ)

An den aufgebrochenen Rändern der Packeisdecken gibt es offene Wasserstraßen – reiche Nahrungsgründe für viele Adélie-Pinguine. Zwischen den Tauchgängen springen sie immer wieder auf die Eisschollen, um sich die Federn zu putzen und auszuruhen. Mit diesem Verhalten versuchen sie auch, der Leopardenrobbe, ihrem Hauptfeind, zu entkommen, die oft unter den Eisrändern versteckt auf sie lauert. (MJ)

Vergeblich versuchen diese Adélies in der Nähe der Hoffnungsbucht auf dem schlüpfrigen Eis Fuß zu fassen. Sie lassen sich schließlich resigniert wieder ins Meer fallen. (TDR)

Der ungebetene Gast

Im Gegensatz zu dem wunderbaren Gleichgewicht zwischen der antarktischen Umwelt und dem Leben darin behandelt die Antarktis den Menschen als Fremdling, so wie der Mensch sich in ihr als Fremdling fühlt. Doch üben die elementare Gewalt und die unbezähmbare Wildheit des äußersten Südens einen unwiderstehlichen Reiz auf jeden aus, der Abenteuer und Entdeckungen liebt. Ich habe das große Glück gehabt, mich inmitten der reichen Tierwelt bewegen und die majestätische, ja überwältigende Schönheit genießen zu können, die sich den meisten Menschen nie erschließt. In diesem Zauberreich begegnen mir auf Schritt und Tritt neue, faszinierende Erlebnisse. Manchmal sind es nur bedeutungslose Kleinigkeiten, die andere vielleicht übersehen würden. So beobachtete ich einmal das Leben einer Gruppe von Papua-Pinguinen. Einer der Vögel eilte auf einem gut ausgetretenen Pfad im Schnee geschäftig hin und her. Er stahl einem wütenden Nachbarn eifrig kleine Steinchen und brachte sie in sein eigenes Nest. Das war noch nichts Besonderes. Aber immer, wenn der Dieb auf einem neuen Streifzug unterwegs war, stattete ihm ein anderer Nachbar einen Besuch ab und verteilte die Beute neu, indem er mit den Steinchen sein eigenes Nest ausbaute.

Es kommt auch vor, daß eine besonders schöne neue Aussicht für mich zum großen Erlebnis wird. Das kann ein bizarr ausgehöhlter Gletscher sein, ein Flutlicht an den Eishängen eines steilen Berges oder der wirbelnde weiße Schaum, der über die Wogenkämme gepeitscht wird, wenn ein plötzlicher Windstoß die frostigen engen Täler hinunterfegt. Der blaue Eisberg mit den Pinguinen darauf, die seine Auflösung anscheinend ungerührt zur Kenntnis nahmen, war eine meiner aufregendsten Beobachtungen. Aber in der Antarktis befällt mich immer ein Gefühl der Unwirklichkeit. Ich sehe und fühle die Macht dieser extremen Wildnis. Und das Bewußtsein, daß ich niemals ein Teil von ihr werden kann, läßt mich ehrfürchtig werden. Ich hoffe, die Antarktis wird meine Anwesenheit niemals bemerken. Denn wenn ich als ungebetener Gast in einer Welt umherstreife, die die Heimat so vieler von mir verschiedener Lebewesen ist, muß ich mich wenigstens so unauffällig wie möglich verhalten.

Jedes Mal, wenn ich auf See nach Stunden an Deck wieder die Kabine aufsuche, kann ich mich der Empfindung nicht erwehren, daß dieser weite, reiche Ozean leer geworden ist. Früher tummelten sich hier unzählige riesenhafte Blauwale. Mit bis zu dreißig Meter Länge und einem Gewicht von 180 Tonnen ist der Blauwal des südlichen Polarmeers das größte jemals bekannt gewordene Tier der Erde, größer noch als sein Verwandter im Norden, ja größer noch als der mächtigste Dinosaurier. Sein etwas kleinerer Vetter, der Finnwal, war einst der häufigste Wal, und auch der Leviathan der Legenden, der gewaltige Spermwal, pflegte die

Aus Eiskristallen in der Atmosphäre bildet sich ein vollkommener Hof um eine bleiche, milchige Sonne hoch über den Gipfeln an der Gerlachestraße. (CM)

Rechte Seite: Ein weiter Blick über das imponierende Tal Bailey Head auf der Deceptioninsel. (TDR)

Lose treibendes Packeis nahe der Peter-I.-Insel zwingt die anlaufenden Schiffe zu vorsichtigem Manövrieren. Die steile, zerklüftete Insel wurde zum ersten Mal 1821 von dem russischen Forscher Bellingshausen gesichtet. Er benannte sie nach Zar Peter dem Großen, dem Gründer der russischen Marine. (CM)

Antarktis auf seinen Wanderungen zu durchstreifen. Sie alle sind den Harpunen moderner Walfangflotten zum Opfer gefallen und auf einen Bruchteil ihrer früheren Anzahl dezimiert worden. Nur wenige, vor allem der kleineren Arten, konnten sich behaupten, obwohl sie bis heute gejagt werden. Ich habe geradezu faszinierende Augenblicke mit den immer zum Spielen aufgelegten Buckelwalen erlebt, tief in den stillen Fjorden der Antarktis. Sie sind unglaublich zutraulich, obwohl auch sie schon sehr selten geworden sind. Sie wälzten sich in den Wogen, sprangen aus dem Wasser, um besser zu sehen, streckten die Schwanzflossen in die Höhe und bliesen so nahe an meinem kleinen Boot, als ob sie die Insassen abduschen wollten. Nichts als freundliche Neugierde zeigten sie dem Vertreter einer Gattung gegenüber, die sie seit Jahrhunderten verfolgt! An

anderen Tagen beobachtete ich Familien jagender Mörderwale oder die schnellen Manöver der schlanken Minkerwale, die immer noch unter dem Deckmantel der Wissenschaft zu Hunderten von den Japanern abgeschlachtet werden. Es gibt Berichte von Seeleuten vergangener Jahrhunderte, nach denen der Horizont tagelang von den beim Blasen der Wale aufsteigenden Fontänen erfüllt war und die Stille der Nacht ständig vom Prusten der Tiere unterbrochen wurde. Umsonst versuche ich mir diese Szenen aus der Vergangenheit auszumalen, und ich wünschte sehr, man könnte sie noch erleben. Die Blütezeit der großen Wale ist unwiderruflich vorbei. Noch nie habe ich einen Blauwal gesehen, und da der Mensch höchstens tausend von ihnen übriggelassen hat, stehen die Chancen schlecht, daß ich je einen zu Gesicht bekomme.

Die Strahlen der tiefstehenden Sonne eines südlichen Sommerabends fangen sich in dem engen Lemairekanal. Ein herrliches Zusammenspiel zwischen Berg, Wasser und sanftem Licht. (RN)

Folgen des Wandels

Die Antarktis umfaßt drei unterschiedliche, doch ganz voneinander abhängige Bereiche: den Kontinent selbst, das Südpolarmeer und den Luftraum darüber. Diese drei bilden in ihrer Gesamtheit die Antarktis – ein Zehntel unserer Erde. Kein Wunder, daß der gesamte Globus von ihr beeinflußt wird. Dieses große, kalte Gebiet hält in einer komplizierten Kette noch nicht ganz durchschaubarer Reaktionen das energetische Gleichgewicht der irdischen Atmosphäre aufrecht. Unsere Welt ist ein kompliziertes Geflecht von Wechselwirkungen. Kein Teil kann ohne die übrigen funktionieren, und kein Teil darf mißbraucht werden, wenn nicht das Ganze Schaden leiden soll.

Viele Zeichen weisen jedoch darauf hin, daß wir unsere Welt rücksichtslos mißbrauchen. Der Anteil des Kohlendioxids in der Atmosphäre ist um 25 Prozent höher als vor einer Generation. Seit dem letzten Jahrhundert ist die Temperatur auf der Erde insgesamt um ein halbes Grad gestiegen. Jedes Jahr tritt das Ozonloch über der Antarktis wieder auf. Aber unbekümmert verwenden wir weiter Gase, von denen wir wissen, daß sie das Ozon in den oberen Schichten der Atmosphäre zerstören. Obwohl bekannt ist, daß Kohlendioxid das Klima aufheizt, setzen wir es in solchen Mengen frei, daß sich sein Anteil in der Atmosphäre im Laufe eines Menschenlebens verdoppeln wird. Es ist abzusehen, daß dies einen Temperaturanstieg um mindestens zwei Prozent zur Folge haben wird. Der Treibhauseffekt ist in aller Munde, doch seine schrecklichen Konsequenzen werden verdrängt. Die meisten unserer großen Städte liegen knapp über dem Meeresspiegel. Daher braucht nur ein Bruchteil von der Eiskappe abzuschmelzen, und viele von ihnen werden überschwemmt.

Der Mensch ist anpassungsfähig, aber es gibt viele Tierarten, die bereits die kleinsten Veränderungen nicht überleben würden. Schon heute machen sich kleine Veränderungen bemerkbar: So ist Hautkrebs bei Menschen viel häufiger als noch vor wenigen Jahren. Aber in Wahrheit wissen wir wenig darüber, was sich in der Natur alles abspielt. Gerade die niederen Lebensformen, die die Grundlage der Nahrungskette bilden und von denen alles andere Leben abhängt, sind oft am empfindlichsten. Ihre Gefährdung würde bis zur Spitze fortwirken. Die Vorstellung der möglichen Auswirkungen läßt einen schaudern. Der Schwund der Ozonschicht, die den größten Teil des ultravioletten Sonnenlichts ausfiltert, führt zu einer Intensivierung der Sonneneinstrahlung auf der Erde. In den letzten Jahren hat sich gezeigt, daß dadurch Gesundheit und Wachstum der Diatomeen erheblich beeinträchtigt werden. Dies sind jene einzelligen Algen, die die Nahrungsquelle für den Krill bilden. Es ist zu vermuten, daß dramatische Veränderungen im Ökosystem der Antarktis die Folge sein werden. Und zu allem Überfluß haben einige Nationen schon damit

Rechte Seite: Brucheis vor kompakten Eisbergen bei der Torgerseninsel. Auch in dieser Form strahlt das Eis noch eine geheimnisvolle Faszination aus. (TDR)

Es ist das Eis, das das Wesen der Antarktis ausmacht. Vom Rand ins Innere nimmt die Eismenge unaufhaltsam zu. Eis erzeugt neues Eis, Eis verbindet sich mit Eis, Eis ist sich selbst genug.

STEPHEN PYNE
»The Ice: A Journey to Antarctica«

Hier sind verschiedene Eisarten der Antarktis zusammen mit einem Luftbild von Eisschollen im Rossmeer abgebildet. Im Uhrzeigersinn von der gegenüberliegenden Seite oben: Details eines Eisbergs; Eis von den Dry Valleys am Vandasee; vom Wind modellierter Schnee auf Kap Evans; eisenharte Sastrugi auf dem Polplateau; vulkanische Ascheschichten auf dem Eis auf der Deceptioninsel; und Eiszapfen in einer Spalte in der Nähe der Scott-Station.

und schwimmen jetzt als Eisberge auf neuen Wegen über den Ozean. Ohne den Schutz des massigen und massiven Eisschilds sind sie von nun an den zerstörerischen Kräften ihrer neuen Umgebung ausgesetzt. Und so werden sie, nachdem sie Hunderttausende von Jahren überlebt haben und seit ihrem Fall als Schneeflocken mehrere hundert Kilometer gewandert sind, wieder in Wasser zurückverwandelt. Eines Tages werden sie wieder aus dem Meer verdunsten und von neuem aufsteigen in den frostigen antarktischen Himmel.

Der Marsch der Giganten

Die mächtigsten Eisberge – und auch die meisten – lösen sich von den großen Eisschelfen. Viele Gletscher und Eisströme ergießen sich nämlich auf die weiten Flächen des schwimmenden Eises, das die Fjorde und tief eingeschnittenen Buchten der Antarktis bedeckt. Diese Schelfe steigen und fallen täglich mit den Gezeiten, werden mit ihrer Unterseite aufs Land geschoben und immer wieder an einer Grenzlinie zurückgestaut, die man »Gelenkzone« nennt. Ihre Ränder zur See hin sind von riesigen Eisriffen markiert, die über 30 Meter hoch werden und oft bis in 200 Meter Tiefe hinabreichen. Da sie immer von zahlreichen Zuflüssen gespeist werden, können sich diese Schelfe über viele tausend Quadratkilometer erstrecken. Der größte, der Ross-Schelf, ist so groß wie ganz Frankreich.

An den äußeren Rändern dieser Schelfe finden immer wieder gewaltige Abbrüche statt. Denn unwiderstehlich werden sie von den nachdrängenden Gletschern weitergeschoben, wobei Meerwasser langsam in offene Spalten und Höhlen eindringt und sie in gähnende Schlünde und Schluchten verwandelt. Auf diese Weise entstehen Tafeleisberge. Dabei kann es sich um Giganten von mehreren tausend Metern Länge handeln. Der mächtigste Eisberg dieser Art, der je bekannt wurde, war so groß wie ganz Belgien. Man kann Eisberge viele Jahre auf ihren Wanderungen verfolgen, je nachdem, wohin sie von den Launen der Küstenströmungen und Winde verschlagen werden. Manchmal stoßen sie mit anderen Schelfen und Eiszungen zusammen, wodurch wieder neue Eisberge entstehen. Oder sie kalben selbst noch einmal und teilen sich in kleinere Stücke. Gelegentlich geraten sie in einer Bucht auf Grund oder fangen sich in einem Wirbel, wo sie dann in Küstennähe vielleicht Dutzende von Jahren festliegen, um sich schließlich doch zu befreien und ins Südpolarmeer hinauszutreiben. Auf seiner Reise durch die Jahreszeiten kann ein Tafeleisberg auch ins winterliche Packeis geraten, das unaufhörlich wächst und abnimmt. Und jedes Mal, wenn sich der wogende Ozean wieder mit

Rechte Seite: Dieser kleine Eisberg ist gekentert, nachdem ihn die Wellen von unten ausgewaschen hatten. Jetzt liegt er an der Einfahrt zum Arthur Harbor bei der amerikanischen Palmer-Station auf Grund. (CM)

seinem starren Eismantel umgibt, wird auch dieser Eisberg mit eingeschlossen. Wenn die Herbsttage im März kürzer werden und die Temperatur fällt, beginnt das Meer zu gefrieren, ganz allmählich, fast unmerklich. Es bilden sich Brocken von Grundeis, die an die Oberfläche aufsteigen und dem Wasser eine milchigweiße Färbung geben. Langsam verlagert sich nun die Eisgrenze der Antarktis. Denn bald schließen sich die milchigen Brocken zusammen und werden zu kleinen Platten, die auf den Wellen treiben. Ihre Ränder werden aufgerauht, wenn sie aneinander scheuern, und so entsteht das »Pfannkucheneis«. Auch diese Platten verschmelzen dann miteinander und werden dicker, da sich von unten weiteres Eis anlagert und sich Schnee auf der Oberfläche ansammelt. Schließlich werden die Wogen gedämmt, und das Meer überzieht sich mit einer weißen Decke, die bis zu zehn Meter dick wird: Das Packeis ist entstanden. Auf dem Höhepunkt der Eisbildung ist es einfach phänomenal, wie schnell sich das Packeis ausdehnt: Bis zu 3000 Kilometer schiebt es sich aufs offene Meer hinaus und wächst dabei mit einer Geschwindigkeit von über 2,5 m pro Minute. Dauernd verschiebt es sich, wird von der langen Dünung des Ozeans aufgebrochen und von Winden und Strömungen in Bewegung gesetzt. Strömungswirbel können Stellen mit fast ständig eisfreiem Wasser erzeugen, die man Polynias nennt, eine minimale Änderung der Windrichtung kann eine Straße öffnen, die sich doch kurze Zeit später wieder schließt. Manch ein unvorsichtiges Schiff ist schon in solche schiffbaren Rinnen hineingeraten, um dann in der Falle zu sitzen. Orkane stürzen sich mit ungeheurer Gewalt auf das Packeis, werfen die Schollen gegeneinander, schieben sie übereinander und erzeugen riesige Eisfronten, die jedes Hindernis unbarmherzig aus dem Weg räumen.

Sogar die Eisberge werden vom Packeis gefangengenommen, wenn auch niemals für lange. Sie werden – freilich mit größerer Gewalt – von denselben Winden und Strömungen getrieben, die das Packeis selbst bewegen. Daher pflügt ein Eisberg oft ohne Rücksicht auf die an ihm entlangscheuernden Schollen durch das Eis, rückt unaufhaltsam vorwärts und erkämpft schließlich, wie von einer inneren Kraft getrieben, die Freiheit. Wenn dann die Sonne in den Süden zurückkehrt, bricht das schmelzende Packeis auseinander und entläßt den Ozean aus seinem Griff. Rasch schrumpft es auf einen Bruchteil seiner winterlichen Ausdehnung zusammen, und die Eisberge sind wieder in Freiheit. Aber 80 Prozent des Packeises der Antarktis bleiben dem ewigen Gezeitengang unterworfen.

Ein ehrfurchtgebietendes Schauspiel bietet sich dem Betrachter, wenn eine Reihe von Tafeleisbergen an der Spitze der antarktischen Halbinsel vorbeizieht. Diese Eisberge entstehen in den unzähligen Eisschelfen des

Linke Seite: Eine Schar Adélie-Pinguine ruht sich auf einem kleinen Eisberg aus und putzt sich friedlich die Federn. Dahinter ragen die bizarren Zinnen und Bögen des »Blauen Berges« zum Himmel. Kaum eine Minute nach diesem Foto begann der blaue Berg auseinanderzubrechen. Das Meer schäumte, und die Wogen spülten die Pinguine fast von ihrem Platz. (MG)

Glänzend weiß, strahlend blau, rabenschwarz: so leuchtet das Land im Sonnenlicht, märchenhaft schön. Spitze an Spitze, Gipfel an Gipfel, zerklüftet, wild wie kein anderes Land der Erde – so liegt es da, unbeachtet und unberührt.

ROALD AMUNDSEN,
nach der Entdeckung der
Königin-Maud-Kette
im Jahre 1911

Eine Nebelbank kriecht über die Half-Moon-Insel. Das Wetter ändert sich hier so schnell, daß man im einen Moment vor lauter Nebel kaum die Hand vor Augen sehen kann und im nächsten bereits die Augen vor der gleißenden Sonne schützen muß. (TDR)

Umgeben von majestätischen Hochgebirgsgipfeln ist die Paradiesbucht einer der anziehendsten Plätze an der antarktischen Halbinsel. (CM)

Rechte Seite: Bei einem solchen Anblick des sich im Lemairekanal spiegelnden Abendlichts öffnen sich Herz und Sinne des Menschen, um die Schönheit der Natur ganz in sich aufzunehmen. (RN)

Weddellmeeres und werden von dessen spiralförmigen Strömungen nord- und westwärts getrieben. Langsam schieben sie sich durch den engen Antarktis-Sund: gigantische Kolosse auf dem Marsch. Die schweren Riesen rammen einander oder verformen beim Entlangstreifen die Küsten vulkanischer Eilande. So weit das Auge reicht, bedecken sie den Horizont, manche so gewaltig, daß es vom Deck eines Schiffes aus unmöglich ist zu entscheiden, wo der eine anfängt oder der andere aufhört.

Jährlich kalben ungefähr 5000–10000 größere Eisberge in der Antarktis, und wenn sie das Festland verlassen, nehmen sie Teile davon mit sich. Sobald sie dann langsam zu schmelzen beginnen, entlassen sie ihre

Lasten, den Gletscherschutt, in die endlosen Weiten des Ozeans. Aber beim Schrumpfen setzen sie noch andere Energien frei, die sie vor Äonen aufgenommen haben, als der fallende Schnee Nitrate aus der Atmosphäre mit sich nahm. Diese Nitrate ermöglichen jetzt Leben in der nächsten Umgebung des Eisbergs: Eine kleine Eiswelt entsteht inmitten der großen. Der sich dort bildende Planktonflaum wird zur begehrten Nahrung für andere Lebewesen. So verbringt z. B. der herrliche weiße Schneepetrel sein Leben ausschließlich im Bereich der Eisberge oder des Packeises.

Unabänderlich ist das Ende eines jeden Eisbergs vorgezeichnet. Weit vom schützenden Land oder Packeis entfernt, übersteht er möglicherweise nur ein oder zwei Jahresläufe. Meer- und Schmelzwasser sickern in die unzähligen Sprünge und Spalten – entweder alte Narben aus den Tagen im festen Eis oder neue, von den Wellen geschlagene Wunden. Immer wieder brechen Stücke ab. Er wird unstabil, fängt an zu kippen oder zu rollen und kehrt die vom Wasser glattgewaschene Unterseite nach oben. Die weicheren Stellen werden ausgehöhlt. Manchmal durchbricht ein Eisberg sogar die Grenzen der Antarktis, überquert die Konvergenz und gelangt in wärmere Gewässer, in denen er nur noch schneller dahinschwindet.

Für einige der Riesen jedoch kommt das Ende nicht so allmählich. Es kommt vor, daß ein alter Berg, der unter drohend schwarzem Gewitterhimmel über die weite Dünung des Ozeans treibt, durch die unablässig anbrandenden Wellen in Vibration versetzt wird. Es beginnt im Innern des brüchig gewordenen Eises als schwaches Zittern und wird zu einem rhythmischen Beben, das den gesamten Koloß erfaßt und sich bis zu den einzelnen Molekülen fortsetzt. Bald pulsiert die ganze Eismasse frequenzgleich mit der natürlichen Schwingung. Und wie bei einem Weinglas, das durch die Schwingungen eines reinen Soprans zerspringen kann, geht plötzlich eine Erschütterung durch den Berg, und er bricht auseinander. Als Spur hinterläßt er einen Strom von Eistrümmern und Eisstückchen. Der Eisberg hat aufgehört zu existieren. Der Kreis ist geschlossen.

Anmutige Schneegipfel an der Gerlachestraße säumen die Einfahrt zu Port Lockroy. In den Jahren 1897 bis 1899 erforschte der Belgier Adrien de Gerlache zum ersten Mal die Gerlachestraße und die Danco-Küste. Die »Belgica« Gerlaches war das erste Schiff, das im Eis der Antarktis festgehalten und zum Überwintern gezwungen wurde. (CM)

Sonnenbotschaft

Arktische Lebenszyklen

Alles: Meer, Land und Himmel, pulsiert von neuem Leben. Der Ozean, monatelang im starren Griff des Eises, hebt und senkt sich in verjüngter Kraft. In rhythmischen Schwüngen branden die Wogen an die dunkle Küste. Sie führen alle Energie des Südpolarmeers mit sich. Auf ihrem Rücken tragen sie Abertausende von Eisstückchen, funkelnd wie Glas. Sie wühlen den Kies am Strand auf, polieren und schleifen ihn. Größere Eisberge liegen vor der Küste auf Grund, kleinere Brocken, die bei Ebbe gestrandet sind, am Ufer. Der Frühling in Harmony Cove ist im Anzug! Der jetzt milde Wind ist schwer vom Nebel, und es tropft aus meinem Haar.

Überall schmilzt der weiche, nachgiebige Schnee zu kleinen Rinnsalen und Pfützen. Gedrechselte Felsspitzen, von Flechten überzogen, glühen orange und grau im fahlen Licht, während Hügelkämme, die der Wind schon schneekahl gefegt hat, im strahlenden Grün der Moos- und Algenbänke leuchten. Das ist die Nelsoninsel, Teil der Süd-Shetland-Inseln, die die Westspitze der Antarktischen Halbinsel säumen. Dieser nördlichste, über den Polarkreis hinausreichende Zipfel des Kontinents weist ein verhältnismäßig mildes Klima auf und wird deshalb oft »Bananengürtel der Antarktis« genannt. Hier konzentriert sich ein großer Teil der Tierwelt der Antarktis. Von meinem Standort aus wirkt das Meer düster und unfreundlich. Der Horizont ist nicht zu sehen. Aus einem grauen Wasserfleck inmitten der Eistrümmer erhebt sich plötzlich eine Schar Pinguine und geht an Land. Zügelpinguine. Nervös schnatternd blicken sie umher, wie überrascht von ihrer eigenen Kühnheit. Sie schütteln sich das Wasser aus dem Gefieder, watscheln die Schneesenke hinauf und verschwinden im Nebel. Alle paar Minuten verstärken Neuankömmlinge die riesige Kolonie, die schon die Höhen der schneefreien Abhänge besetzt hält. Es ist in diesem Jahr wahrscheinlich das erste Mal, daß sie ihren Fuß an Land setzen, nachdem sie sechs Monate oder mehr im Zwielicht auf dem Packeis des Winters verbracht haben. Aber schließlich hatte sich die Sonne doch wieder im Süden gezeigt und den gefrorenen Kontinent mit lebenspen-

Linke Seite: Ein Riesensturmvogel wirft seinen Schatten auf das Wasser in der Drake-Passage. Der antarktische Kontinent ist von Wassermassen umgeben, die zehn Prozent der Ozeane der Erde ausmachen: ein geheimnisvolles, in der Tiefe den menschlichen Blicken entzogenes Reich. Aber die Seevögel haben sich dieser Wasserheimat angepaßt. Wir können nur bewundern, mit welchem Geschick und welcher Eleganz sie die Windströmungen zu ihrem Vorteil ausnützen. (TDR)

dendem Licht überflutet. Es bringt allem Leben die Botschaft, daß die Jahreszeit der Fülle angebrochen ist und jetzt für Nachkommen gesorgt werden muß. Sobald die Tage wieder länger werden, begeben sich die Pinguine durch das aufbrechende Eis des Meeres südwärts und finden unfehlbar ihren Weg durch die für diese Gegend so charakteristischen großen Nebelbänke zurück zu den angestammten Nistplätzen. Wo genau sie den Winter verbracht haben, weiß niemand. Sie waren ganz von den Launen des Treibeises und den zufälligen Bewegungen ihrer Nahrungsquellen abhängig. Jetzt aber gehen sie in großen Scharen an Land und nehmen die Nistplätze ihrer Vorfahren wieder in Besitz. Irgend etwas drängt sie zur Eile – es ist ein Instinkt, der in Millionen Jahren fein abgestimmter Anpassung an die extreme Umgebung der Antarktis entstanden ist. Innerhalb ein paar kurzer Wochen müssen sie Reviere in Besitz nehmen, Partner finden, Eier ausbrüten, Junge aufziehen, sich mausern und wieder zur Reise auf den zufrierenden Ozean vorbereiten.

Mit dem Einzug des Frühlings gehen ganze Wellen von Seevögeln an Land. Scharen von Zügelpinguinen steigen durch die Tangfelder auf die grünen Vorgebirge Südgeorgiens hinauf, und antarktische Sturmvögel fallen weit im Süden in die Bergketten des Kontinents ein. Auf der Bouvet-Insel, dem abgelegensten Flecken der Erde, besteht der Zustrom unter anderem aus Pintado- und Schneesturmvögeln, während sich tief im Rossmeer Adélie-Pinguine kilometerweit durch noch gefrorenes Wasser kämpfen, um die südlichsten Pinguin-Nistplätze der Erde zu erreichen. Viele, die im offenen Meer oder an der Eisgrenze in äußerster Einsamkeit gelebt haben, drängen sich jetzt in riesigen, lärmenden Kolonien. Dort kämpfen sie um Rang und Raum, sorgen für die Erhaltung der Art. Das harte Leben wird seine Opfer fordern, Raubvögel und Unfälle werden das Ihre zur Dezimierung beitragen. Aber um welche Art und welchen Ort es sich auch handelt – die Rückkehr der Sonne bringt die Ankunft all dieser Lebewesen mit sich.

Der zutrauliche Buckelwal, jetzt auf einen Bruchteil seines früheren Vorkommens reduziert, wandert jährlich Tausende von Kilometern von den tropischen Gebieten, wo er seine Jungen zur Welt bringt, zu den nahrungsreichen Gewässern an den antarktischen Küsten. Dieser Wal hatte den größten Teil des Tages auf Futtersuche an der Oberfläche verbracht, als er plötzlich fröhlich zu spielen begann: Immer wieder hob er die Schwanzflosse und peitschte das Wasser damit, vielleicht als Signal für das Weibchen in der Nähe. Wale sind zwar offiziell weltweit geschützt, werden aber in den Gewässern der Antarktis immer noch bejagt. (TDR)

Adélie-Pinguine können ihre Futtersuche auf 18 bis 24 Stunden und noch mehr ausdehnen. Dabei entfernen sie sich bis zu 50 Kilometer von ihrem Nest. Schließlich kommen sie mit einem Bauch voll vorverdautem Krill zurück. Jeder Adéliepinguin putzt sich erst ein bißchen und bringt die Federn in Ordnung, bevor er sich in sein Nest zu den hungrigen Küken begibt. (RN)

hatte, war wieder abgefahren, und zum ersten Mal bei meinen vielen Besuchen in der Antarktis hatte ich die Empfindung, wirklich zu Hause zu sein. Die übrige Welt hatte aufgehört zu bestehen oder war zumindest ganz unwichtig. Je länger ich die Szene auf mich wirken ließ, desto mehr zeichnete sich eine Ordnung in diesem aufgeregten Wirrwarr von Zügelpinguinen ab. In langen Gänsemärschen verließen einzelne Tiere in großem Bogen die Kolonie zur täglichen Nahrungssuche. Mit ausgebreiteten Flügeln, gekrümmten Schultern, vorgestreckten Hälsen und Augen, die nach Futter ausspähten, wanderten sie an mir vorüber. Von meiner Person nahmen sie keinerlei Notiz. Auf ihrem langen Weg zum Meer vermieden sie sorgfältig Geröllfelder und steile, schlüpfrige Abhänge. Bis weit ins Tal hinunter konnte ich ihre wiegenden schwarzen Rücken verfolgen. Vom ein bis zwei Kilometer entfernten Strand kamen neue Ankömmlinge herauf und bildeten ähnliche Bogenlinien auf den gleichen Wegen. Oben angekommen, scherten immer wieder einzelne Vögel aus der Reihe aus und drängten sich durch die Massen am Hügel. Mit einer durch lange Übung erworbenen Sicherheit steuerten sie auf das eigene Nest und ihren Lebenspartner zu. Dabei wurde ich Zeuge sowohl rührseliger Wiedersehensfreude als auch heftiger Kämpfe, stillen Familienglücks oder starrer Verblüffung.

Rechts von mir schien ein zurückkehrender Vogel durch das wütende Geschrei seiner Nachbarn förmlich Spießruten laufen zu müssen, während er seinem Nest entgegenstolperte. Hohlwangig und mit Kot beschmiert, antwortete der sitzende Partner aufgeregt auf den vertrauten Begrüßungsruf. Geradezu ekstatisch begrüßten sie sich, Brust an Brust, die Köpfe zurückgeworfen, die Schnäbel weit offen, mit inbrünstigen und leidenschaftlichen Schreien. In wenigen Augenblicken hatte der glänzend saubere Vogel, von dessen Gefieder noch das Wasser tropfte, seinen Platz im Nest eingenommen, und der Partner watschelte sichtlich erleichtert dem Meer entgegen.

Bald zog ein anderes Schauspiel meine Aufmerksamkeit auf sich. Wo noch Minuten zuvor Friede geherrscht hatte, entbrannte jetzt ein wilder Kampf. In hemmungsloser Wut – es mußte sich wirklich um eine sehr schändliche Tat handeln – stürzte sich der Angreifer auf den Missetäter, packte ihn beim Nacken, und schon hagelte es Schläge mit seinen knochenharten Flügeln. Das völlig verstörte Opfer wandte sich zur Flucht, stolperte über Nester und stieß, noch immer im Würgegriff des Gegners, an brütende Elterntiere. Staub und Federn flogen. Die Nachbarn kreischten und schimpften. Gemeinsam kollerten die kämpfenden Vögel eine Geröllhalde hinunter, was ihren Streit abrupt beendete. Sie standen auf, schüttelten die Federn und trollten sich. Der eine ging ins Tal hinunter,

Pinguine kehren zu Beginn des Frühlings zu ihren Brutkolonien zurück, wenn das Land noch unter einem Schneemantel verborgen liegt. Deshalb versammeln sie sich gern auf höheren, mehr dem Wind ausgesetzten Hängen. Zwar haben sie es dadurch weiter zum Meer, aber solche Areale sind, wenn der Sommer kommt, schneller schneefrei und werden vom Schmelzwasser weniger überflutet. (MJ)

Ein Adélie-Pinguin wirft mit zornig gesträubten Kopffedern einen durchbohrenden Blick auf den Besucher. Diese buschschwänzigen Pinguine wehren sich energisch gegen jeden Eindringling. (MJ)

Adélie-Pinguine schwimmen vor der Torgerseninsel. (RN)

Der erste Schwimmversuch eines Adélie-Kükens ist sichtlich nicht sehr angenehm. Zum ersten Mal in seinem Leben ist es Gefahren ausgesetzt, sein Instinkt warnt es vielleicht vor Seeleoparden an der Küste, und wer weiß, ob es ebenso reichlich Futter findet wie seine Eltern. (RN)

offensichtlich recht nervös und unsicher, der andere kehrte, immer noch erbost, zum Nest zurück. Den Tausenden Pinguinen, die Zeuge dieser Szene wurden, waren beide offenbar vollkommen gleichgültig.

Als ich später langsam einen steilen Hohlweg hinaufwanderte, der als Zugang zu den meisten oberen Kolonien diente, fand ich mitten auf dem Weg ein verlorenes Pinguinei, eingekeilt zwischen zwei kleinen Steinen. Es war groß, wohlgeformt und ganz frisch. War es aus einem der Nester herabgerollt? War es von einem zurückkehrenden Weibchen zu früh gelegt worden? Bald bemerkte ich, daß ich nicht der einzige war, der anhielt und über das Ei nachdachte. Umherstreifende Pinguinscharen stolperten, in der heißen Morgensonne keuchend, ebenfalls den Hang hinauf. Wenn sie auf das Ei trafen, blieben sie stehen und beäugten es forschend. Erstaunt

Ein Adélie-Küken als Irokese, auf dem Scheitel die letzten Reste des Daunenkleides! Bald wird es sich ins Meer stürzen. Nach dieser ersten Mauser ähneln die Jungen schon ihren Eltern, aber es fehlt ihnen noch der charakteristische weiße Ring um die Augen. Wahrscheinlich überleben nicht mehr als zehn bis 15 Prozent der Jungen die ersten drei Jahre bis zur Geschlechtsreife. Denn das Klima der Antarktis ist rauh, oft ist Nahrung knapp, und Raubtiere wie die Leopardenrobben stellen ihnen nach. (RN)

Ein Adélie-Pinguin mit weit aufgesperrtem Schnabel füttert ein großes Küken am Ufer der Pauletinsel im Weddellmeer. Das Elterntier war gerade von einem Streifzug vor der Küste zurückgekehrt, und das Junge hüpfte ihm hungrig entgegen. (RN)

schüttelten sie die Köpfe. Einige versuchten, es mit dem Schnabel vorsichtig wegzurollen, genauso wie sie es mit ihrem eigenen Ei im Nest getan haben würden. Nach einem Weilchen gingen sie unverrichteter Dinge weiter, und die Nachfolgenden wiederholten das Spiel.

Wenige Tage vor der Sommersonnenwende hatte die Betriebsamkeit in der Kolonie auf den hohen Klippen ihren Höhepunkt erreicht. Überall schlüpften Küken mit kleinen, wackeligen Köpfen und halbgeschlossenen Augen aus, reckten die Hälse und verlangten mit schwachem Piepsen nach ihrem ersten Krill-Mahl. Ihre in diesem zarten Alter noch dünnen Daunenkleider schimmerten perlgrau, fast samten. Stummelfüßchen suchten auf dem Nestboden aus Kieselsteinen unsicheren Halt. Die Tierchen mit ihren noch unentwickelten, winzigen Flügeln drückten sich eng an die warmen Elternkörper. In den kommenden Wochen würden sie sich mit raschem Tempo entwickeln und erst eine dicke Daunenisolierung ausbilden, ehe sie nach Größe und Gefieder zu erwachsenen Tieren heranwuchsen.

Elternschaft ist die anstrengendste Periode im Leben eines Pinguins. Während sich tropische Seevögel viele Monate zur Aufzucht ihres Nachwuchses Zeit lassen können, steht den antarktischen Pinguinen nur der kurze Sommer des Südens zu Gebote. Vom Zeitpunkt des Ausschlüpfens an sind die Küken schlichtweg unersättlich, und die Fähigkeiten der Eltern, ihren Appetit zu stillen, werden auf eine harte Probe gestellt, obwohl der reiche antarktische Ozean nicht weit ist.

Adélies »entern« einen Eisberg bei der Pauletinsel im Weddellmeer. (RN)

Grenzgebiet im Süden

Nur drei Pinguinarten sind auf der antarktischen Halbinsel und den vorgelagerten Inseln heimisch. Alle drei sind eng verwandt und gehören zu den buschschwänzigen Pinguinen: *Pygoscelis*. Alle drei sind auch mittelgroß, ernähren sich hauptsächlich von Krill und haben eine Reihe von Merkmalen gemeinsam, z. B. die langen, steifen Schwanzfedern, von denen sie ihren Namen haben. Doch ist es eher Zufall, daß sie in diesem Gebiet zusammenleben und manchmal tatsächlich Seite an Seite nisten. Denn nur der kleine Zügelpinguin beschränkt sich vor allem auf die Halbinsel selbst, während der größere Papua-Pinguin (auch Eselspinguin) überall in der Peripherie der Antarktis heimisch ist. Papuas finden sich meist auf den ozeanischen Inseln in der Nähe der Konvergenz. Sie betreten den Kontinent nur an der Nordspitze. Andererseits ist die Halbinsel der nördlichste Ausläufer der Nistgebiete des Adélie-Pinguins.

Stämmig und gut gegen die Kälte geschützt, nisten die kräftigen kleinen Adélies weiter südlich als alle anderen Vögel der Erde, weiter sogar als der antarktische Sturmvogel und der majestätische Kaiserpinguin. Ein winterfester Brutplatz findet sich bei Kap Royds auf der Ross-Insel, fast 1500 km vom Polarkreis der Antarktis und nicht weit vom Rand des festen Ross-Schelfs entfernt. Hier müssen die Adélies heftigen Sommerblizzards trotzen und manchmal Kilometer über festes Meereseis bis zum offenen Wasser zurücklegen. Aber kein anderer Vogel hat größere Fähigkeiten entwickelt, den Nahrungsreichtum auszunützen, den das Meer in diesen extremen Breiten bietet, wenn im Sommer das Packeis aufbricht. Plump und untersetzt, in einfaches Schwarzweiß gekleidet, ohne die Fransen und Verzierungen seiner Vettern aus gemäßigteren Breiten, besitzt der Adélie-Pinguin als einzigen kennzeichnenden Schmuck seine weißen Augenringe. Er ist ein Vogel, der sich dem harten Klima einerseits und dem schwankenden Nahrungsangebot andererseits vorzüglich angepaßt hat, indem er seinen Lebensrhythmus über den Sommer hinweg unglaublich beschleunigen kann. Wegen seiner relativ geringen Größe – stehend erreicht er kaum 70 Zentimeter – braucht er ein großes Stoffwechselvolumen, um der Kälte zu trotzen. Aber er ist auch in der Lage, sich mit solcher Schnelligkeit zu vermehren.

Während andere Arten noch in ihren Winterquartieren verharren, machen sich diese Vögel schon beim ersten Anzeichen des Frühlings auf den Weg in den Süden, zu den entfernten Küsten des Kontinents und seiner Inseln. Dabei orientieren sie sich an der wiederkehrenden Sonne. Wenn das Wasser auf ihrem Weg noch von festem Eis bedeckt ist, wandern sie über den Schnee weiter oder schlittern auf dem Bauch darüber hinweg. Unbeirrbar streben sie an die Orte zurück, wo sie in früheren Jahren genistet haben und wo sie selbst aufgewachsen sind. Günstig gelegenes

Dieser Zügelpinguin watschelt keck, selbstbewußt und zielstrebig zu seinem Nest am oberen Rand der Bailey-Head-Kolonie (Deceptioninsel) zurück. Die Kolonie, zu der er gehört, umfaßt 100 000 Tiere. Die auf den höheren, dem Wind ausgesetzten Rängen wohnenden Pinguine sind, wie dieses Exemplar, besonders erfahren. Zu Beginn des südlichen Sommers beeilen sich die Männchen, zu ihren Nestern zurückzukehren, die ihnen sehr ans Herz gewachsen sind. Voll Sehnsucht erwarten sie dort ihre Weibchen vom Vorjahr. (RN)

Die Zügelpinguinküken können es kaum erwarten, daß der andere Elternteil mit Krill zurückkommt. Diese Vögel leben auf einem kleinen Brutplatz am Waterboat Point in der Paradiesbucht. (CM)

Im antarktischen Frühling kehren die Pinguine in höchster Eile nach Hause zurück. Die ersten Ankömmlinge müssen oft schwer unter den eisigen Frühlingsstürmen leiden. Es kommt vor, daß sie im Schnee steckenbleiben und ihre Eier erfrieren. (RN)

Ein unbeschreibliches Gewimmel herrscht in den Sommermonaten in der riesigen Zügelpinguinkolonie auf Bailey Head am Rand der Deceptioninsel. Die Pinguine kämpfen sich durch die Brandung, gehen am schwarz gefärbten vulkanischen Strand an Land und klettern dann über loses Geröll die Abhänge zu ihren Nestern hinauf. (CM)

Zwei Zügelpinguine mit ihren Daunenküken in einem mit Steinen ausgelegten Nest am Waterboat Point in der herrlichen Paradiesbucht. Am Himmel ballen sich Sturmwolken zusammen, und immer wieder brechen dicke Eisklötze vom Gletscher jenseits der Bucht ab. 1921 überwinterten hier zwei Männer von Copes British Imperial Expedition. (CM)

Heiterer Sommer

Für die anderen beiden Pinguinarten der antarktischen Halbinsel drängen Zeit und Klima weit weniger. Der kleine Zügelpinguin, angepaßt an die längeren Sommer in diesen Breiten, kann es sich leisten, einen vollen Monat nach den Adélie-Pinguinen, die an denselben Stellen nisten, mit dem Brutgeschäft zu beginnen. Ebenso wartet der beträchtlich größere, nördlicher lebende Papua-Pinguin bis fast zur Sommermitte, bevor er sich zum Brüten bequemt. Aber der Papua unterscheidet sich auch bei der Nahrungsbeschaffung stark von seinem kleineren Vetter. Er läuft besser, schwimmt aber langsamer und zieht deshalb nicht so weit aufs Meer hinaus. Seine Futterstreifzüge erstrecken sich auf höchstens 20 Kilometer. Zwar besteht auch seine Hauptnahrung aus Krill und Fischen, aber der Papua braucht nur halb so lang wie die anderen Arten, sich seine tägliche Ration zu holen. Telemetrische Funkmessungen haben kürzlich gezeigt, daß der Papua viel tiefer als seine Verwandten tauchen kann – über hundert Meter tief – und dabei auch regelmäßig zwei Minuten unter Wasser bleibt. Aber wie er in diesen düsteren Tiefen seine Beute aufspürt, bleibt weiter sein Geheimnis. Die etwas landverbundenere Natur des Papua-Pinguins zeigt sich überall in seinem Verhalten. Während die anderen buschschwänzigen Pinguine den Großteil des Jahres an der Eisgrenze verbringen, nutzen die Papuas dank ihrer Fähigkeit, tief ins Meer hinabzutauchen, auch kleinere Flächen offenen Wassers. Den Winter über bleiben sie in der Nähe des Landes. Zum Brüten bilden sie keine

Ein Papua-Pinguin, kurz bevor er bei Point Lockroy ins Wasser springt. Pinguine können zwar nicht fliegen, aber das Wasser durchqueren sie wie im Flug. (RN)

Papua-Pinguine sind nicht wählerisch. Sie fressen Fische, Krill und andere Meerestiere und wohnen auf Klippen, im Tussockgras oder auf ebenem Grund – das hängt ganz von den Umständen ab. Die antarktische Halbinsel ist die südliche Begrenzung der Papuagebiete, die subantarktische Inselkette die nördliche Begrenzung. Dieser Papua nistet bei Gold Harbor, Südgeorgien. In der Nähe wälzen sich Elefantenrobben am Strand. (RN)

Ein Papua-Pinguin befeuchtet seinen Schnabel mit Öl aus der Bürzeldrüse an seinem Hinterteil. Pinguine verfügen über eine gute Isolierung gegenüber der unglaublich kalten Umgebung. Ihre eng stehenden Federn (11 pro qcm) werden durch dieses Öl absolut wasserdicht gemacht, eine Fettschicht bietet zusätzlichen Schutz. Ihr größtes Problem ist zu große Wärme. Überschüssige Wärme können sie nur durch kahle oder wenig befiederte Stellen am unteren Ende des Schnabels, an den Füßen und unter den Flügeln abgeben. (TDR)

Papua-Küken sind die niedlichsten von allen Jungen der Eudyptes-Pinguine. Die Unterseite leuchtet weiß, die Oberseite perlgrau. Die antarktische Halbinsel ist der südlichste Ausläufer ihrer Wohngebiete. Normalerweise nisten sie im Norden Südgeorgiens und auf den Falklandinseln. (TDR)

Ein Papua-Pinguin stößt mit hocherhobenem Kopf seinen charakteristischen Ruf aus, der so ähnlich klingt wie der Schrei eines Esels. (MJ)

Papua-Pinguine ziehen oft zwei Junge auf, aber nur, wenn reichlich Futter vorhanden ist. Sonst wird vor allem das stärkere von beiden betreut. Hungrige Küken nehmen Futter von jedem beliebigen Erwachsenen an. Doch erkennen die Eltern ihre Jungen an ihren charakteristischen Pieptönen und fahren wie ein Unwetter drein, wenn ein Eindringling sich erdreistet, ein Mahl nach eigenem Rezept zu veranstalten. (MJ)

Die Bewohner dieser kleinen Papua-Kolonie auf der Petermanninsel genießen einen großartigen Blick auf die südliche Einfahrt des Lemairekanals. (CM)

riesigen Kolonien auf dem flacheren Land, sondern schließen sich auf geschützten Vorgebirgen nahe ihren Nahrungsgründen zu kleinen Nistgemeinschaften zusammen. Wichtiger als ein fester Nistplatz ist ihnen ein stabiles Band zwischen Männchen und Weibchen. Ein Paar bleibt häufig das ganze Leben zusammen.

Die friedliche Stimmung auf einem Papua-Nistplatz steht in scharfem Gegensatz zu der aufgeregten Atmosphäre bei den Zügel- und Adélie-Pinguinen. Ich erinnere mich an einen Abend in Port Lockroy auf der Weinke-Insel. Niedrig ziehende Wolken streiften überall die gezackten Bergketten. Die rötlich-goldenen Strahlen der untergehenden Sonne spielten auf den Nebelfetzen, und das gebrochene Licht tauchte die Erde in leuchtende Purpurfarben. Ein frischer, feuchter Wind blies übers Wasser.

Pinguin-Wetter! Zwischen den uralten Granitblöcken saßen eng zusammengedrängt Dutzende von nistenden Vögeln. Jedes Nest war sehr sorgfältig angelegt und von einem Wall gleich großer Kieselsteine umgeben. Die erwachsenen Vögel riefen sich leise Botschaften zu, ihre orangefarbenen Schnäbel glänzten in der Sonne. Große, dicke Küken, in ihr graues Daunenkleid eingepackt, schmiegten sich friedlich schlummernd aneinander. Zu zweit oder dritt patroullierten andere Eltern auf von gut gedüngten Moospolstern gesäumten Pfaden hügelauf und hügelab. Für einen Augenblick riß der Himmel auf, und grelleuchtende Farben umspielten die hohen Gipfel der benachbarten Anvers-Insel. Dann sank die Sonne. Das Zwielicht der Sommernächte des Südens und ein gedämpftes Leuchten breitete sich über die Erde.

Mitternacht auf der Petermanninsel am Südende des Lemairekanals an der antarktischen Halbinsel. Papua-Pinguine tauchen nach Futter für ihre Jungen. Die Mitternachtssonne bescheint den Mount Scott jenseits des Kanals mit rötlichem Licht. Jean Charcots zweite französische Expedition vom Jahre 1909 überwinterte mit dem Schiff »Pourquoi Pas« auf der Petermanninsel. (CM)

Die Fleischfresser

Große Schwärme von Seevögeln auf Nahrungssuche werden von den im Meer treibenden Krillmassen angezogen. Doch auch die Pinguinnistplätze, obwohl nur vorübergehend bevölkert, müssen den schweifenden Raubvögeln ihren Tribut entrichten. Bei weitem in der Mehrzahl sind dabei die Skuas, große, räuberische Verwandte der Möwen. Sie wandern zwar von Insel zu Insel, im Winter bis weit in die nördliche Hemisphäre hinein, aber während der Brutzeit werden sie seßhaft und siedeln sich oft in der Nachbarschaft von Pinguinnistplätzen an, wodurch sie sich üppige Mahlzeiten in Form von Eiern und Küken sichern. Skuas sind intelligent und ihre Jagdmethoden sehr wirksam. Oft arbeitet ein Pärchen zusammen, und während z. B. das Männchen die Pinguineltern ablenkt, schnappt sich das Weibchen das unglückliche Junge im Rücken der Alten. Auch ihre Beute zerteilen sie gemeinsam und lassen nichts umkommen. In diesen Gebieten gibt es keine Landraubvögel, und so konnten sich die Skuas ungehindert zu Herren der Lüfte aufwerfen.

In ähnlicher Weise sind die riesigen Sturmvögel die einzigen Aasfresser des Südpolarmeers. Sie segeln wie die großen Albatrosse hoch oben in der windbewegten Luft und stürzen sich auf alles, was stirbt oder tot ist, vom kleinsten Sturmvogel bis zum größten Wal. An ein Leben auf dem Land sind sie nicht angepaßt; denn sie können kaum laufen. Aber auf der Suche nach guten Bissen fliegen sie die ganze Küste ab.

Als einmal eine tote Weddellrobbe auf der Nelsoninsel an den Strand gespült wurde, beobachtete ich, wie zwei Dutzend dieser großen Vögel sich um den besten Platz beim Bankett stritten. Einige dunkel, fast rauch-

Skuas gehen bei und in den Pinguinkolonien auf Raub aus. Hier verzehren braune Skuas einen toten Adélie-Pinguin, ohne sich um dessen erregt gestikulierenden Artgenossen zu kümmern. Skuas stehen in schlechtem Ruf, doch ist er unverdient. Sie säubern die Kolonie von den lebensuntauglichen Individuen. (TDR)

Ein Paar wachsamer Tangmöwen blickt über eine tief eingeschnittene Bucht und zerklüftete Felslandschaft auf der Nelsoninsel. Ein solcher Strand bietet Tausenden von Pinguinen den idealen Zugang zu ihren Nistplätzen am Fuße der Felsen. Auch Robben gehen hier gerne an Land. (MJ)

grau gefärbte Tiere waren darunter. Andere waren fast weiß – typisch für die weiter südlich lebenden Exemplare. Alle wollten sich eine möglichst gute Position in der Gruppe erobern. Zischend und keifend stürzten sie sich mit drohend gespreizten Flügeln und gesträubten Federn aufeinander. Manche kämpften verbissen, Schnabel an Schnabel. Endlich stolperte der Sieger den Strand hinauf, während die Unterlegenen in Grüppchen unruhig in der Nähe warteten, bis sie an die Reihe kamen. Weitere Kämpfe entbrannten, bis auch Vögel niederen Ranges zum Festmahl Zutritt erhielten. Es war abzusehen, daß innerhalb weniger Stunden kaum noch etwas von der 400-Kilo-Robbe übrig sein würde.

Pelzrobben leben in großer Anzahl in der Scotia-Bucht und im Norden der antarktischen Halbinsel. Es sind gefährliche Tiere, besonders wenn die alten »Schwerenöter« zur Brunstzeit im antarktischen Frühling ihren Harem um sich versammelt haben. (TDR)

Linke Seite: Ein Elefantenrobbenbulle hat bis zu fünfzehn Weibchen. Am wohlsten fühlen sich die Tiere, wenn sie an den dreckigsten Stellen der Strände kreuz und quer übereinanderliegen. Manchmal werden Junge in einem solchen Durcheinander erdrückt. (CM)

Schönheit und Anmut existieren auch ohne uns. Aber wir können wenigstens versuchen, sie auf uns wirken zu lassen.

ANNIE DILLARD
»Pilgrim at Tinker Creek«

Diese Krabbenfresserrobbe passiert auf einer kleinen Eisscholle den Brutplatz der Adélie-Pinguine auf der Torgerseninsel. Nicht weit von hier lief im Januar 1989 das argentinische Schiff »Bahia Paraiso« auf ein Riff und verlor eine beträchtliche Menge Öl. (CM)

Krabbenfresserrobben sind mit insgesamt ca. 30 Millionen Tieren die auf der Erde am häufigsten vorkommenden Robben. Ihr Name ist irreführend. Sie ernähren sich nämlich fast ausschließlich von Krill. (TDR)

Weddellrobben können bis in Tiefen von mindestens 900 Meter hinabtauchen. Dort suchen sie Futter, z. B. Kabeljau. Das ganze Jahr über müssen sie sich ein Atemloch in der Eisdecke offenhalten. Einen großen Teil des Sommers verbringen sie schlafend auf dem Rand ihrer Löcher, und die Weibchen ernähren ihre Jungen mit dicker, cremiger Milch. (CM)

Wie eine Schlange sieht die Leopardenrobbe aus, hier in der Martelbucht. Leopardenrobben sind faszinierende Geschöpfe. Sie fressen hauptsächlich Pinguine, geben sich aber notfalls auch mit Fischen zufrieden. (RN)

Eine Weddellrobbe räkelt sich auf schwarzem Sand. Am Strand wirken die Weddellrobben tapsig und unbeholfen. Aber im Wasser sind sie unglaublich wendig. Sie tauchen bis in mindestens 900 Meter Tiefe und überstehen den harten antarktischen Winter, indem sie sich Löcher ins Eis nagen und so für ihre Luftzufuhr und für die Möglichkeit sorgen, sich wann immer sie wollen auf dem Eis auszuruhen. (RN)

hinauf, um ihre Jungen zu gebären. Derweil bewachen die Väter die Zugangswege im Wasser drunten. Schon die Neugeborenen sind riesig. Sie wiegen 25 Kilo und verdoppeln ihr Gewicht in den ersten zehn Tagen dank einer Muttermilch, die fett wie Butter ist. Im Alter von sechs oder sieben Wochen haben sie ihr Geburtsgewicht mehr als vervierfacht, und ihre Mütter überlassen sie ihrem Schicksal – ein Verhalten, das sich stark von dem der Elefanten- und Pelzrobben am Nordrand der Antarktis unterscheidet. Diese Tiere schließen sich nach ihren Wanderungen im Ozean zur Aufzucht ihrer Jungen in riesigen Herden zusammen. Denn ihnen fehlen die günstigen Bedingungen der Eisschollen, die einigermaßen vor Feinden schützen. Das Herdenleben setzt sie jedoch vermehrt den Gefahren der Ölpest und den Robbenjägern aus, die sie einst zu Hunderttausenden erschlugen.

Plötzlich stand mir das Bild geronnenen Blutes auf den Schneefeldern vor Augen. Aber als eine kleine Schar neugieriger Pinguine zutraulich meine Stiefelspitzen inspizierte, durchzuckte mich doch eine Hoffnung. Vielleicht betrachtet eines Tages die Menschheit die Tiere der Erde mit der gebotenen Achtung und auch der Bewunderung, die ihrer Schönheit angemessen ist. Vielleicht hört sie eines Tages auf, sie immer nur kühl und rücksichtslos nach dem Nutzen einzuschätzen. Und ich gelobte mir: Wenn die Antarktis in ihrem bisherigen Zustand fortbestehen sollte, würde ich dazu beitragen, ihre Wunder und Herrlichkeiten allen nahezubringen, die sich nach ihrem Frieden sehnen.

Das größte Raubtier der Antarktis ist ein Säugetier. Der elegante Mörderwal kommt so weit südlich vor, wie es offenes Wasser für ihn gibt, und er lebt vor allem von Pinguinen und Robben. Die Größe der Wale ist ideal für ein Leben im kalten Wasser. Ihr Körper ist durch eine Speckschicht gut isoliert. Niedrige Wassertemperaturen schaden ihnen nicht. Die wichtigste Voraussetzung für alles Leben in der Antarktis ist ja die Fähigkeit, Wärmeverluste zu vermeiden. Und tatsächlich hat die Evolution bei den meisten Warmblütern für immer neue Einrichtungen zu diesem Zweck gesorgt. Pinguine, Robben und Wale besitzen alle eine dicke Fettschicht unter der Haut und extrem verkürzte Gliedmaßen. Auch die Größe ist wichtig, da das Volumen, das Wärmespeicherung begünstigt, proportional viel schneller wächst als die Oberfläche. Aber für manche Arten bringt diese Art Anpassung auch große Probleme mit sich. So müssen die meisten Pinguine fähig sein, in sehr kurzer Zeit bis zur vollen Größe heranzuwachsen. Säugetiere haben den Vorteil, das Wachstum ihrer Jungen durch Fütterung mit Milch beschleunigen zu können. Aber Pinguine können es sich trotzdem leisten, viel kleiner zu bleiben als die Säugetiere, obwohl sie in denselben kalten Gewässern leben. Sie haben nämlich einen besonderen Schutz in Form eines erstaunlich wirksamen Federkleids entwickelt. Tatsächlich gibt es keinen Vogel, dessen Federkleid dichter wäre. Auf einen Quadratzentimeter kommen durchschnittlich elf Federn, die sich stufenförmig überlappen und Luft in einer dicken Flaumschicht darunter einschließen. Die glatten und öligen Deckfedern des Pinguins sind vollkommen wasserdicht, und der Vogel bleibt auch nach Monaten auf See warm und trocken. Nur einmal im Jahr muß er das Kleid wechseln. Ohne diesen Schutzmechanismus wäre es für einen Organismus ähnlicher Größe ganz unmöglich, in Gewässern zu überleben, die das ganze Jahr über am Gefrieren sind.

Vögel sind überhaupt sehr gut an kaltes Klima angepaßt. Nicht nur, daß sie doppelt, durch Federn und Fett, isoliert sind, sie verfügen auch über ein großes Stoffwechselvolumen. Das ermöglicht es ihnen, Kalorien schnell umzusetzen und beweglich auf die günstigsten jahreszeitlichen Bedingungen zu reagieren. Kein Wunder, daß es deshalb viel mehr Vogelarten in der Antarktis gibt als andere Lebensformen. Pinguine verdienen hinsichtlich ihrer Anpassung die größte Bewunderung. Aber auch die röhrennasigen Seevögel sind nicht zu unterschätzen. Neben den fünf Pinguinarten der Antarktis leben dort nicht weniger als 24 röhrennasige Seevogelarten. Sie reichen von den königlichen Albatrossen bis zu den kleinsten Sturmvögeln und Prions. Alle fliegen sie über die hohe See dahin, und viele nutzen die Energie der Wogen selbst aus, die eine Art Luftkissen an der Oberfläche bilden. Auf ihm gleiten sie dahin, ohne auch nur einmal mit den Flügeln schlagen zu müssen. Oft kommen sie nur widerstrebend an Land, um zu brüten. Manche, z. B. der winzige Wilson-Sturmvogel, ziehen im Winter kreuz und quer über den Globus, fast bis zur Arktis hinauf, während andere, wie der antarktische- und der schneeweiße Sturmvogel, sich niemals weit vom Eis des Südens entfernen. Für den großen Wanderalbatros bildet das Südpolarmeer eine unendlich breite Schneise in Richtung Osten. Stolz und frei umkreist er, etwa auf der Linie der Konvergenz, die Erde, und keine Landbarriere stellt sich seinem Flug entgegen.

Nur eine Handvoll anderer Seevögel hat sich die Antarktis selbst als Heimat gewählt. Der blauäugige oder Kaiserkormoran, der in mancher Hinsicht den Pinguinen ähnelt, taucht an den Küsten und fängt kleine Fische an den Klippen. Auch die elegante antarktische Seeschwalbe hält sich in Küstennähe auf, wo sie nach kleineren Fischen und Krill taucht. Der vielleicht rätselhafteste Seevogel des Südens aber ist die aasfressende Tangmöwe, die mit ihrem schwarzen Rücken der Möwe des Nordens gleicht. Sie brütet in Südamerika, Australien und Südafrika.

Unser Wissen über das Leben all dieser Seevögel des Südpolarmeers ist im besten Fall begrenzt. Man hat immer wieder versucht, ihre Biomasse, d. h. ihr Gesamtgewicht, abzuschätzen, und, um die Ausbeutung des Krills durch den Menschen zu rechtfertigen, mit noch größerem Aufwand Berechnungen über ihren Nahrungsverbrauch angestellt. Er beträgt vielleicht bis zu 100 Millionen Tonnen Krill im Jahr. Aber noch niemand war in der Lage, die Ernährungsgewohnheiten der Vögel des Ozeans im Winter zu erforschen. Und so stehen alle Behauptungen, man nutze die Nahrungsquellen des tiefen Südens »vernünftig«, auf tönernen Füßen.

Herbststürme

Das neue Jahr hat noch kaum begonnen, da zeigen sich auf der antarktischen Halbinsel schon die ersten Vorboten des Winters. Die Nächte sind bereits kälter und dunkler als zur Weihnachtszeit. An stillen Morgen kann man die symmetrischen Muster des Milcheises in ruhigen Buchten beobachten: Auf dem Meer beginnt die Eisbildung. Überall machen große Papua-Küken ihre ersten Entdeckungsreisen. Sie wandern zum Ufer hinunter, waten durch Schmelzwassertümpel und -bäche und erforschen ihre kleine Welt.

Fast unmerklich geht der Herbst seinem Ende zu. Einige Wochen lang hatte ich die Halbinsel bereist, um regelmäßig einen der großen Adélie-Nistplätze auf der König-Georg-Insel zu beobachten. Ich hatte zugesehen,

Eine ununterbrochene Kette von Adélie-Pinguinen bewegt sich über die Eisrampe hinab und hinauf, die den riesigen Brutplatz an der Hoffnungsbucht mit dem Meer verbindet. Auf diesem Weg, der auf dem Schnee eine graue Spur hinterläßt, bringen die Vögel in ihren Kröpfen Futter zu ihren weiter landeinwärts wartenden Jungen. (TDR)

wie die rauchgrauen Küken fast täglich größer wurden, an Beweglichkeit und Abenteuerlust zunahmen und allmählich das schwarzweiße Federkleid der Halbwüchsigen anlegten. Aber zu meiner nicht geringen Überraschung waren die Abhänge plötzlich leer, als ich im späten Februar wieder einmal zurückkehrte. Vom Guano rosa gefärbter Schmutz löste sich im Regen zwischen den Felsen. Der Wind pfiff, Nebelschwaden wogten um die glänzenden, von Flechten überzogenen Felstürme aus Säulenbasalt. Pinguinkadaver lagen auf dem schlammigen Boden, Überreste der Tiere, die vom Glück oder Erbgut weniger begünstigt waren. Kein Ton, keine Bewegung kündete mehr von der wimmelnden Pinguinkolonie, die sich noch vor ein paar Tagen hier auf der Insel befunden hatte. Ihre Bewohner

Die antarktische Halbinsel, manchmal als »Bananengürtel« des Kontinents bezeichnet, ist übersät mit flechtenüberzogenen bunten Felsen. (CM)

Ein Mann nimmt erst Vernunft an, wenn er sich dessen bewußt wird, daß er nicht unentbehrlich ist.

RICHARD BYRD
»Alone«

schwammen nun vor dem Eis ins offene Meer hinaus, und die Lebensformen, die nicht auf Reisen gehen konnten, bereiteten sich auf den tiefen Winterschlaf vor.

Auf den antarktischen Meeren entwickelt sich Leben in beeindruckender Vielfalt. Aber ganz anders steht es auf dem Kontinent selbst. Keine einzige Wirbeltierart kann hier existieren. Nur einige Insekten, Milben und Würmer repräsentieren das Tierreich. Auch Pflanzen sind rar. Eine kleine Grasart, *Deschampsia antarctica*, und ein noch kleineres Perlkraut, *Colobanthus quitensis*, sind die einzigen Gefäßpflanzen. Die niederen Ordnungen der Moose und Algen sind etwas stärker vertreten. Nur die Flechten klammern sich mit Erfolg noch an die unwirtlichsten Stellen. Es sind dies sehr eigenartige Organismen, die die Vorteile von Pilzen und Algen in sich vereinigen und imstande sind, monatelang all ihre Lebensfunktionen einzustellen. Die Eiskappe der Antarktis hält die Temperaturen niedrig, auch im Sommer, und der Wind trocknet alles aus, so daß die Antarktis weit lebensfeindlicher ist als vergleichbare Breiten in der Arktis.

Ein anderer Faktor ist einfach die Knappheit an Lebensraum. 99 Prozent des antarktischen Kontinents sind von ewigem Schnee und Eis bedeckt. Und von dem verbleibenden einen Prozent besteht ein großer Teil aus steilen, dem Wind ausgesetzten Felsen, wo sich Leben kaum entfalten kann. Kein Wunder also, daß sich die auf dem Kontinent nistenden Seevögel auf wenigen Plätzen an den Küsten zusammendrängen.

An diesen Küstenstreifen hat auch der Mensch aus verschiedenen Gründen immer mehr Fuß gefaßt. Als ich zum ersten Mal in die Paradiesbucht hineinfuhr, die tief zwischen atemberaubenden Bergen der antarktischen Halbinsel eingebettet liegt, war ich, wie jeder andere Besucher, begeistert. Kette auf Kette der herrlichsten Gipfel ragte in den kristallblauen Himmel. Zerklüftete Eisberge aller Formen und Größen, türkisgrün und blau, trieben mit den Gezeiten langsam durchs Meer. Und als ob das noch nicht genügte, spiegelten sich all diese Wunder auf der glatten Fläche des Meeres, die nur manchmal durch den schmalen Strahl eines blasenden Buckelwals unterbrochen wurde. Aber als ich dann an Land ging und erwartete, weiter in eine unberührte Landschaft vorzudringen, stolperte ich plötzlich über Haufen eingerollter Taue, rostiges Blechgeschirr, Bretter mit herausstehenden Nägeln, Betonbrocken und allen möglichen anderen Müll. Weddellrobben schliefen nicht weit vom Rand eines schwarzen Schlammlochs, das sich vor einem großen Stapel verrottender Benzinkanister gebildet hatte. Papua-Pinguine fütterten ihre Jungen inmitten von zerbrochenen Flaschen und benutzten sogar die Glasscherben zum Ausbau der Kieselnester. Reste zerfallener Hütten, die noch in den Nationalfarben dieser längst verlassenen Station prangten, knarrten im Wind. Und

Eine Familie von Zügelpinguinen posiert im Vordergrund. Im Hintergrund Papua-Pinguine an der Paradiesbucht der antarktischen Halbinsel. (TDR)

fast wie eine Gotteslästerung blickte eine ausgebleichte Marienstatue von ihrem bemalten Betonaltar aus über diese gottverlassene Szene. Nur die findigen Scheidenschnäbel hüpften umher und hausten in ein paar leeren Tonnen wie in Luxusappartements.

Ich fragte mich: Welches Recht haben wir Menschen, uns diesem Land und den anderen Lebewesen, mit denen wir gemeinsam unseren Planeten bewohnen, derart arrogant aufzudrängen? Als ich näher mit der Antarktis vertraut wurde, begriff ich allmählich, daß die Paradiesbucht keineswegs ein Einzelfall war. Von der Hoffnungsbucht an der Spitze der antarktischen Halbinsel bis Kap Hallett im Rossmeer, ja bis zu den noch weiter entfernten Küsten des Adélie-Landes in der Westantarktis wurden die Pinguine rücksichtslos von den wissenschaftlichen Forschungsstationen verdrängt. Wenn wir nicht einmal in der unberührtesten Gegend der Erde, und sei es auch im Namen der Wissenschaft, auf die Tierwelt Rücksicht nehmen können, wie können wir dann darauf hoffen, daß dies irgendwo anders in der Welt gelingt?

Winterträume

Menschen können sich in der Antarktis nur vorübergehend aufhalten. Manche bleiben für ein paar Stunden, andere für Monate oder auch Jahre. Es sind Touristen, Wissenschaftler und Politiker, Bergsteiger, Forschungsreisende und Abenteurer. Auch Dichter, Schriftsteller und Künstler haben den großen weißen Kontinent besucht. Ob sie nun Wale gejagt, Robben erschlagen, eine Atombombe getestet, Krill gefangen oder einen internationalen Skiwettbewerb veranstaltet haben – alle sind sie wieder verschwunden. Zeitweise hatte sogar die argentinische Regierung ihren Sitz hierher verlegt, und einmal flogen sie eine schwangere Frau ein, die den ersten Bürger der Antarktis zur Welt bringen sollte. Aber sie alle gehen wieder. Selbst die wenigen, die sich jedes Jahr entschließen, den langen, dunklen Winter in der Antarktis zu verbringen, können das nur in winzigen, technisch aufwendigen Schutzräumen tun, die eigens dafür konstruiert sind, ein für Menschen annehmbares Klima zu schaffen. Die Antarktis wird niemals völlig gezähmt werden. Vielleicht ist es gerade diese rohe Kraft der Wildnis, die sich dem Besucher so tief einprägt.

Wie die meisten anderen, verließ ich Ende Februar die Antarktis per Schiff. Der Winter lag schon in der Luft. Für ein paar kurze Monate hatte ich die Unberührtheit des Landes genossen. Die Nacht, die die Halbinsel einhüllte, war tiefschwarz, ein Vorbote der immer kürzer werdenden Tage. Ein einsamer Eisberg rollte und schlingerte träge hinter dem Schiff. Der Wind, obwohl frisch, machte kein Geräusch. Schon hatten sich viele Tiere weiter in den Norden hinauf zurückgezogen, und viele andere würden bald folgen, dem Licht und dem Leben entgegen. Schwarze, niedrige Wolken zogen über den Himmel und verdunkelten die letzten Sterne. Da erhob sich ein einsamer Pinguinschrei, scharf und fragend, aus den unsichtbaren Wellenbergen. Es war der letzte Ton der Antarktis, den ich in dieser Saison hörte.

Ich überließ mich meinen Träumen. Ich träumte von diesem Land, das ich, wie ich glaubte, schon einigermaßen kennengelernt hatte. Und doch kannte ich es so wenig! Ich liebte dieses Land, in dem ich immer ein Fremdling bleiben würde. Ich dachte an die herrlichen Kaiserpinguine, die jetzt nicht, wie alles andere bewegliche Leben, nach Norden zogen, sondern sich auf ihre Reise tief in die antarktische Winternacht hinein vorbereiteten. Es ist dies der einzige Vogel, der niemals einen Fuß an Land setzt. Bald würden sie sich in den Süden aufmachen und unzählige Kilometer Eis auf dem Meer überqueren, bis sie zu frisch zugefrorenen Buchten an den Südküsten des Kontinents gelangten. Hier legt dann im letzten Herbstlicht jedes Weibchen ein einziges, riesiges Ei, um sich sogleich wieder in die Weite des offenen Meeres hinaus zu begeben. Und die Männchen tragen die Hoffnung auf die Zukunft der Art durch die

Papua-Pinguine vor der untergehenden Sonne bei Port Lockroy. (TDR)

grimmig kalte Winternacht. Zwei lange Monate stehen sie da und balancieren das Ei sorgfältig auf ihren Füßen.

Am Horizont verschwanden die letzten Konturen der gezackten Berggipfel. In meinen Daunenparka eingehüllt, versuchte ich mir vorzustellen, wie diese Vögel Temperaturen von minus 50 Grad Celsius und darunter aushalten mochten.

Und ein neuer Traum nahm in mir Gestalt an: Eines Tages würde ich mit diesen Kaisern des Eises in den Süden ziehen und Seite an Seite mit ihnen die lange Winternacht durchleben. Ich würde bei ihnen ausharren, wenn sie sich gegen die beißende Kälte aneinanderdrängten. Ich würde miterleben, wie die Jungen ausschlüpften, und die Männchen aus ihren Kröpfen das Futter bereitstellten, bis die Weibchen wieder vom Meer zurückkamen. Ich würde dabeisein, wenn den Küken das neue Federkleid wuchs, und beobachten, wie schließlich das Tauwetter des Sommers das feste Eis wieder in Wasser verwandelte – und der ganze Nistplatz aufgelöst wurde.

Nächste Seite: Seit dreißig Jahren halten neuseeländische Bergsteiger an der Scott-Station Überlebenskurse ab. Sie machen die Wissenschaftler mit der Ausrüstung vertraut, die sie auf ihren Fahrten brauchen und übermitteln ihnen Grundkenntnisse im Bergsteigen. So konnte die Unfallrate bei Außenarbeiten der Teams bisher sehr niedrig gehalten werden. Eine riesige Sturmwolke liegt wie eine Kappe über dem Vulkan Mount Erebus und erinnert die Teilnehmer daran, daß sie sich vor dem Wetter hier sehr in acht nehmen müssen. (CM)

Die meisten Menschen müssen sich damit abfinden, daß sie niemals Pinguine in freier Wildbahn sehen werden. Aber es genügt vielleicht schon zu wissen, daß es sie gibt.

FRANK S. TODD
»The Sea World Book of Penguins«

Sonnenuntergang über dem Transantarktischen Gebirge jenseits des McMurdo-Sunds. Adélie-Pinguine bereiten sich darauf vor, ihren Nistplatz auf Kap Royds zu verlassen und sich ins Rossmeer zur Futtersuche zu begeben. (CM)

Während der ganzen Brutsaison von Oktober bis Februar genießen die Adélie-Pinguine auf ihrem Nistplatz am Südende der Franklininsel die Mitternachtssonne, die ihre Welt in ein Kaleidoskop aus Orange- und Türkistönen verwandelt. Im Januar 1841 landete der britische Seefahrer James Clark Ross auf dieser Insel und benannte sie nach Sir John Franklin von der Royal Navy. (CM)

Nyiragongo in Uganda und der Erta Ale im Afargebiet Äthiopiens. Diese Lavaseen unterscheiden sich grundlegend z. B. von den Lavagruben der Vulkane auf Hawaii. Denn ihre Dauerhaftigkeit läßt auf eine direkte Verbindung zu dem Magmareservoir unter dem Vulkan schließen. Nirgends können Wissenschaftler aus nächster Nähe besser die Prozesse des Gas- und Hitzetransports und der -konzentration beobachten, wie sie in einer derartigen Magmakammer auftreten. Und aus politischen und logistischen Gründen ist der Erebus der am leichtesten zugängliche dieser drei Vulkane.

Nachdem 1972 der Lavasee des Erebus entdeckt worden war, begann eine aus Neuseeländern und Amerikanern bestehende Expedition 1974 mit der Erkundung des inneren Kraters. Die Wissenschaftler nützten die ungewöhnliche Position und Struktur des Vulkans aus, um chemische Analysen der Gasemissionen des Berges zu erstellen. Man hoffte, dadurch Aufschlüsse über die geologischen Verhältnisse des Erdmantels zu gewin-

Die Adelaideinsel ist eine große, gebirgige Insel südlich des Wendekreises der Antarktis am Fuß der antarktischen Halbinsel. Am Ende der Insel unterhält heute der British Antarctic Survey seine Rothera-Station. (CM)

nen. Wenn man weiß, wie Magma sich entgast, kann man besser erklären, warum und wie Vulkanausbrüche stattfinden. Man suchte ganz reine Proben aus den Rauchspalten direkt neben dem Lavasee zu gewinnen. 1974, 1976 und 1978 flog Haroun Tazieff, ein weltbekannter Vulkanologe, in die Antarktis, um mit den neuseeländischen Forschern Phil Kyle und Werner Giggenbach neue Techniken zur Probeentnahme zu entwickeln und die Richtlinien für die weitere Erforschung des Erebus festzulegen. Doch gab es dabei nur langsame Fortschritte. Die Umgebung war zu kalt, zu laut und zu sehr von wirbelnden Gas- und Dampfströmen erfüllt.

In der griechischen Mythologie ist Erebus der Sohn des Chaos, die Personifizierung der geheimnisvollen, finsteren Mächte des Hades. Die alten griechischen Philosophen behaupteten, es müsse eine Landmasse im Süden geben – Terra Australis Incognita –, die dem damals bekannten Land im Norden das Gleichgewicht hält. Eine unterschwellige Furcht vor dem Unbekannten, Unsicheren, lebte in uns allen, wenn wir uns dem

Rechte Seite: Erwachsene Adélie-Pinguine springen geschickt von Scholle zu Scholle und eilen über die Eisdecke, um schnell zu ihren Nistplätzen und Jungen auf Kap Royds zurückzukommen. Im Hintergrund sieht man einen kleinen Tafeleisberg, der vor der Küste der Rossinsel auf Grund gelaufen ist. (CM)

Erebus näherten. Die psychologischen und logistischen Schwierigkeiten, mit denen die ersten Erebusteams in den siebziger Jahren zu kämpfen hatten, waren beträchtlich. In der Antarktis setzt bereits der Wind allen menschlichen Aktivitäten enge Grenzen. Denn wenn die Temperaturen unter −40°Celsius sinken, ist es fast unmöglich, am Erebus zu zelten. Infolge der in höheren Breitengraden dünneren Atmosphäre der Erde macht dem Menschen auch die Höhe des Vulkans weit mehr zu schaffen als dessen 3794 Meter vermuten lassen. Tagtäglich muß man im Hubschrauber in kurzer Zeit enorme Höhenunterschiede verkraften. Man verliert auch ständig Feuchtigkeit, da Trinkwasser nur unzureichend durch Schneewasser ersetzt wird. Das alles beeinträchtigt die Arbeitsleistung und die Gesundheit. Schon mancher Wissenschaftler mußte auf Geheiß der Ärzte mit ernsten Symptomen der Höhenkrankheit für Jahre das Gebiet um den Erebus verlassen.

Heute ist es obligatorisch für jeden Forscher, zunächst ein paar Tage in einem Zwischenlager zur Akklimatisierung zu verbringen, bevor der Aufstieg zum Gipfel gewagt werden darf. 1975 lag unser Akklimatisierungslager am Mount Terror. Rings um den Gipfel glitzerten faustgroße Olivinkristalle in Brocken pechschwarzer Lava. Wenn wir an stillen Abenden am Zelteingang saßen, konnten wir die Wolkenschatten beobachten, die sich über das Ross-Schelf auf Kap Crozier zu bewegten. Im folgenden Jahr brachen wir zu viert von einem Camp auf der Spitze des Fanggletschers an der Nordseite des Erebus auf und überquerten den Fang-Ridge-

Diese Gruppe Kaiserpinguine scheint extra pünktlich zum Lokaltermin über das Eis bei Kap Evans gewatschelt zu sein, um ein neuseeländisches Forschungsteam zu begutachten. Das Team befindet sich auf einem Ausflug zu der Hütte, die Kapitän Scott auf seiner Expedition von 1910 bis 1914 errichtete. Es ist wohltuend, von den Tieren der Antarktis eher als Kuriosität denn als Feind betrachtet zu werden. (CM)

Auf diesem Luftbild von der Rossinsel beherrschen die Vulkane Erebus und Terror die Szene. Die kleine Kuppel zwischen Erebus und Terror ist Mount Terra Nova. Der Sattel zwischen Terra Nova und dem Erebus liegt 1610 Meter über der Lewisbucht, die hinter den Bergen zu sehen ist. Der Absturz einer DC-10 der Air New Zealand im Jahr 1979 ereignete sich in 440 Meter Höhe über der Lewisbucht. (CM)

Grat, den gezackten Überrest eines alten Kraterrandes. Drunten leuchtete das Eis der Lewisbucht in herrlichen Farben wie ein riesiges Kathedralenfenster.

1978 unternahm ich dann einen Ausflug mit dem Bergsteiger Carl Thompson, der mir in heiterer Erinnerung geblieben ist. Wir kletterten vom Fang-Camp zum Gipfelplateau hinauf, um einem Team amerikanischer Bauarbeiter einen Überaschungsbesuch zu machen. Sie errichteten gerade eine orangefarbene Hütte aus Holzbrettern in einer Senke unterhalb des Kraterrandes und waren fast fertig.

Diese Hütte war ein wahrer Segen für die Erforschung des Erebus. Man mußte nun die Batterien der Seismographen nicht mehr auf Leitern in unterirdische Räume bringen, um sie warmzuhalten. Wir konnten jetzt auch mit Mikroskopen sofort die verschiedenen Algenarten taxonomisch identifizieren, die in der rotbraunen, heißen Erde um den Krater wuchsen. Die Hütte wurde außerdem zu einer Küche, die den Speisezettel wesentlich bereicherte und in der man genügend Schnee für heiße Drinks schmelzen konnte. Die abendlichen Skifahrten um den Gipfelkrater sind mir noch lebhaft in Erinnerung. Auf einer Tour schwangen wir zu fünft auf Skiern scharf an den eisenharten Sastrugis unterhalb des Lagers vorbei, federten über samtweiche Flächen gefrorener Kristalle und glitten zu der Kette von Eistürmen hinunter, die über die Hut-Point-Halbinsel emporragen. Der gezackte Rand der Zunge des Erebusgletschers, die sich zwischen Kap Evans und McMurdo in die Erebusbucht schiebt, leuchtete im matten

Die tiefstehene Abendsonne wirft ihren Schein auf das vom Wind polierte Eis des Taylorgletschers. Geologen verstauen ihre Geräte auf dem Holzschlitten. Jeder Schlitten trägt eine Last von 500 kg, bestehend aus Geräten und Lagerzubehör. Die Hartgummikufen des motorisierten Skidoos sind mit Metall beschlagen, damit sie auf dem eisenharten Eis greifen. Der Windschutz ist unerläßlich, um die Böen, die vom Polplateau über den Gletscher hinabfegen, abzufangen. (CM)

Sonnenlicht, als sich eine Wolkenbank von Süden über den McMurdo-Sund heraufschob. Wir hackten ein Loch in den Fuß eines 20 Meter hohen Eisturms, der sich aus kondensiertem vulkanischem Dampf gebildet hatte. Welch ein Genuß, vor dem scharfen Wind in das kaminartige Gebilde zu kriechen und sich im heißen, feuchten Boden einzugraben! Obwohl wir nachher heftig nach Schwefel rochen, war diese Sauna am Pol ein einzigartiger Luxus! Als wir jedoch wieder ins Freie traten, gefroren unsere Überkleider sofort zu starren Waffenrüstungen. Quietschend wie rostige Türangeln bahnten wir uns unseren Weg zurück zum Camp. Erleichtert legten wir die vor Kälte steifen Hände um Becher mit heißer Schokolade und krochen mit glühenden Gesichtern tief in unsere Daunenschlafsäcke.

Kurz vor Weihnachten 1978 beschlossen wir, den Rauchspalten am Lavasee Gasproben zu entnehmen. Zuerst seilten wir uns tagelang mit Gepäck zum Rand des inneren Kraters hinab. Dann sollte ich in den Dampfkessel hinabtauchen. Trotz ihrer Hitzeempfindlichkeit wollten wir dabei konventionelle Kletterseile aus Nylon verwenden. Es hatte sich nämlich während der Expedition 1974 herausgestellt, daß eine Rolle mit Stahlseilen zu schwer zu transportieren und zu unhandlich war. Ich setzte die Gasmaske auf, rückte den Gürtel zurecht und hängte das Seil ein. Während ich auf dem abbröckelnden Kraterrand Halt suchte, spähte ich zum Lavasee hinunter, wo es nur 120 Meter unter mir brodelte.

Über dieses Abenteuer schrieb ich in mein Tagebuch: »Rasend schnell geht es am doppelten Seil hinab. Zuerst massenhaft Schutt, dann Kontakt

mit einem Vorsprung aus rosa, glasartigem Kenyt. Mit Tempo weiter hinunter, Landung auf abschüssigem gelbem Eis – schwer keuchend. Gott sei Dank verheddert sich das Seil nicht. Noch weiter hinunter, dann seitwärts über Gesteinsbrocken und tiefe Rinnen. Da – das warme Glühen der Lava! Unheimlich, dieser Lavasee direkt vor mir. Ich werfe einen mißtrauischen Blick auf das aktive Kraterloch daneben. Zwei schnelle Fotos, dann ein anderes Eisband hinunter. Bin überrascht, wie fest das Eis so nahe an der geschmolzenen Lava ist. Hätte jetzt gerne Steigeisen, um das Gleichgewicht besser halten zu können. Das Seil ist nicht lang genug und zwingt mich zwanzig Meter über dem Boden des inneren Kraters zum Anhalten. Aber ich stehe jetzt auf sicherem Grund und kann zu der Rauchspalte hinübergehen, von der Werner Proben haben will. Zwiebelförmig zusammengebackene, schmutzige Schneeklumpen überall um mich her – und alles vibriert im Geräusch des unaufhörlich ausströmenden Gases. Habe ich eigentlich das Recht, auf diesem heiligen Grund meine Spuren zu hinterlassen – überhaupt hier zu sein, so nahe am Puls des Drachens? Bin ich mit meinem Seil zwischen uraltem Eis und hoch aufragenden nassen Felsenwänden wirklich in der Antarktis – oder mit Jules Verne auf einer Reise in das Land der Phantasie? Mit dem seltsamen Gefühl der Schuld wächst auch die Furcht. – Als ich fertig bin, funke ich nach droben, sie sollen mich wieder hinaufziehen.«

Während Asche auf meinen Helm, mir in die Augen und in jede Ritze meiner Kleidung regnete, schwang ich mich über den vorspringenden Rand in Sicherheit, zerzaust und wie ein nach Luft schnappender Fisch. Dort standen Carl, Harry Keys und Bill McIntosh, die das für Gletscherspalten ersonnene Sicherheitsseilsystem perfekt gehandhabt hatten. Wie betäubt taumelte ich umher, nahm einen tüchtigen Schluck Rum und begann dann, mir die Asche abzuklopfen. Werner tauschte das benutzte Seil gegen ein längeres aus, verstaute seine Titanstangen und Flaschen für die Gasproben im Rucksack und stieß sich ab.

Wieder mein Tagebuch: »Werner kommt glatt unten auf. Aber er braucht einige Zeit, um das neue Seil in Ordnung zu bringen. Ohne jede Vorwarnung erschüttert plötzlich eine gewaltige Explosion die Luft. Haroun hatte oft gesagt, er habe mehr Angst davor, bei einer Eruption von dem explodierenden Gas herausgeschleudert als von herumfliegendem Magma verletzt zu werden. Es ist eine unglaubliche Druckwelle – Werner ist sicher tot! Dutzende von geschmolzenen Geschossen drehen sich scheinbar ganz langsam hoch über uns in der Luft. Manche fallen mit dumpfem Aufprall aus großer Höhe herab, andere fliegen niedrig und

Auf dem Gipfel des Mount Erebus. (CM)

Mit fast 5000 Metern sind die Spitzen des Vinson, Shim, Tyree, Epperly und Hardner im Ellsworth-Gebirge die höchsten Gipfel der Antarktis. 1935 sichtete der amerikanische Flugpionier Lincoln Ellsworth auf dem ersten transkontinentalen Flug den Nordteil dieser Kette. Aber erst 1957 wurden die höchsten Gipfel von einer Flugzeugbesatzung der US Navy entdeckt, die im Auftrag von Wissenschaftlern im Rahmen des Internationalen Geophysikalischen Jahres einen Erkundungsflug durchführte. (CM)

Kenntnisse über den Erebus Fortschritte gemacht. Ein kompliziertes Netz von Seismographen überspannt den Kraterkessel und sendet ununterbrochen Signale über Beben und Eruptionen zum Laboratorium der Scott-Basis. Mit Sonnenbatterien betriebene Videokameras überwachen den Lavasee. Auch Biologen dehnen ihre Forschungen bis zum Erebus und dem rauchenden Boden am Mount Melbourne aus. Sie erkunden die eigenartigen Ursprünge und das Verhalten thermophiler Organismen.

In jüngster Zeit wurden bestimmte Gebiete auf dem warmen Boden um das Gipfelplateau des Erebus zu wissenschaftlichen Schutzgebieten erklärt. Von den dem Antarktisvertrag angeschlossenen Nationen wurden Regeln aufgestellt, unter welchen Bedingungen diese Areale betreten werden dürfen. Denn man will die primitive Vegetation schützen und verhindern, daß fremde Mikroorganismen eingeschleppt werden. Des weiteren versucht man die chemische Zusammensetzung des Vulkaninneren zu interpretieren und die dort gefundenen Spurenelemente mit Proben vom Südpol zu vergleichen. Dabei verwenden die Wissenschaftler hochkomplizierte Apparaturen zum Sammeln der Gasproben. Die Ausrüstung ist in Hercules-Flugzeugen des US-Antarktis-Programms installiert, und immer wieder werden Flüge durch die Rauchfahne hindurch durchgeführt. So ist mit dieser Methode kürzlich die Chloremission des Erebus gemessen worden. Anscheinend ist das Verhältnis von Chlor zu Schwefel beim Erebus ungewöhnlich hoch, was möglicherweise bedeutet, daß der Erebus für den überdurchschnittlichen Chloranteil in der Atmosphäre der Antarktis verantwortlich ist. Chlor ist der Hauptfaktor bei der Bildung des Ozonlochs über der Antarktis, und Erebus, der Eisdrache, könnte erheblich zur Klärung der Frage beitragen, inwieweit der Mensch durch Fluorkohlenwasserstoffe die Schutzhülle der Erde schädigt.

Blick über den Kamm des Brunhildegipfels in der Asgard Range über dem Wright Valley. Die Mitternachtssonne liegt auf den Sandstein- und Dolerittürmen der Olympus Range. In der Senke des Wright Valley zwischen den beiden Gebirgszügen befindet sich die Vanda-Station Neuseelands. In der Tiefe erkennt der Bergsteiger ein wabenförmiges Muster aus vom Frost aufgeworfenen und mit Schnee angefüllten Vielecken. (CM)

Wo Fehler nicht verziehen werden

Am 19. November 1959 verlor Neuseeland seinen ersten Bürger in der Antarktis. Eine vom Kurs abgekommene Sno-Cat stürzte in eine Schlucht an der Shackleton-Küste, 470 Kilometer südlich der Scott-Basis, wobei ein Mann getötet und einem anderen die Beine zerquetscht wurden. Auf den Tag genau zehn Jahre später kam der zweite Neuseeländer in einem brennenden Hubschrauber in den Dry Valleys ums Leben. Am 19. November 1979 geschah nichts, aber neun Tage später stürzte eine DC-10 der Air New Zealand, die sich auf einem elfstündigen Sightseeingflug befand, mit 257 Personen an Bord auf der Rossinsel ab, genau über den Eisklippen, die die Lewisbucht säumen. Keiner der Insassen überlebte.

Als das Unglück geschah, hatte man auf der Scott-Basis gerade die größte logistische Leistung des neuseeländischen Antarktisprogramms vollbracht: eine Tiefbohrung unter Wasser im McMurdo-Sund. Die Geologen erwarteten sich davon Informationen über die Entstehung des Transantarktischen Gebirges. Jetzt begann eine turbulente, anstrengende Zeit für alle Beteiligten. Die Leiter der Scott-Basis und der McMurdo-Station führten gemeinsam die Bergungsarbeiten an der Absturzstelle durch, wickelten aber gleichzeitig auch ihr Forschungsprogramm für den Rest des Sommers ab. Das spricht für die gute Zusammenarbeit der Neuseeländer und Amerikaner in der Antarktis.

Wie zerknittertes Pappmaché hängt ein langsam fließender Gletscher stufenförmig über der Eisdecke auf der Moubraybucht im Nordviktorialand. Auf Kap Hallett lag einst die Forschungsstation, die in den 60er Jahren von den Vereinigten Staaten und Neuseeland gemeinsam unterhalten wurde. Ein schwerer Brand kurz nach 1970 führte zur Auflösung der Basis. Es dauerte fast zehn Jahre, bis wachsender Druck die Regierungen veranlaßte, die verfallenden Gebäude und am Strand verrottenden Benzinfässer wegzuräumen. (CM)

Sturmwolken ballen sich über dem Ross-Schelfeis bei Kap Crozier zusammen. (CM)

Ich war von 1975 bis 1983 verantwortlicher Leiter für die Feldforschung des New Zealand Antarctic Research Programms (NZARP) und damit auch verantwortlich für die Sicherheit des neuseeländischen Personals in der Antarktis. Damit war ich notgedrungen auch an der großen Bergungsaktion am Erebus beteiligt. Bergsteiger und Inspekteure der NZARP, Untersuchungsbeamte für Flugzeugunfälle, neuseeländische Polizei, Angestellte der Air New Zealand, Ingenieure der Herstellerfirma und neuseeländische Bergwacht versammelten sich in der Scott-Station, um zum Berg vorzudringen. Im Vergleich mit der Arbeit auf dem Gipfel des Erebus waren die Bergungsarbeiten ein Kinderspiel; denn die Absturzstelle lag nur 440 Meter oberhalb der Lewisbucht. Meist war auch das Wetter ruhig und warm, nur einmal zog sich für kurze Zeit dichter Nebel zusammen, was die Flüge der McMurdo-Helikoptermannschaft, die uns half, erschwerte. Jeder, der das Absturzgelände anflog, mußte auf seine

Nächste Seite: Das orange- und malvenfarbige Licht der sinkenden Sonne erglüht auf dem trockenen Pulverschnee, der vom Wind über das Eis auf dem McMurdo-Sund geweht wird. Im Hintergrund ragt die 3000 Meter hohe Vulkankuppel des Mount Discovery empor. (CM)

Weise mit der Tragödie fertig werden. Aber wenigstens erleichterte das verhältnismäßig milde Wetter all denen die Arbeit, die mit flauen Gefühlen zum ersten Mal in die Antarktis gekommen waren. Trotzdem war es für alle Beteiligten ein furchtbarer Schock. Zwar waren viele der Bergwachtmänner bis zu einem gewissen Grad an den Anblick von Unfallopfern gewöhnt. Aber keiner von uns war bisher in einem solchen Ausmaß mit dem Tod konfrontiert worden – ein Feld totaler Verwüstung in diesem Reich des Friedens und der Harmonie.

Wir überspielten das Grauen dieser Situation, indem wir uns so abgebrüht wie möglich gaben. Die Bergwachtmänner pfiffen vor sich hin, während sie mit den Bergungstrupps der Polizei arbeiteten. Wir schlitterten auf Plastiktüten den Hang hinunter und ließen sogar eines der Räder des Flugzeugs über die Eisklippen in die Lewisbucht rollen. Ich bin sicher, daß dieser Unfug vor allem die jüngeren Polizisten ein wenig aufmunterte. Auch Champagner half uns über manches Tief hinweg.

Mir selbst verging die Zeit in diesem menschlichen Ruinenfeld in traurigen Erinnerungen. Eine Freundin war unter den Passagieren gewesen. Sie lag nun mit zerschmetterten Gliedern im Schnee, und die Tage mit ihr gingen mir nicht aus dem Kopf. Ich dachte an ihr fröhliches Lachen beim Aufwachen in einem Biwak, das wir Jahre zuvor am Gipfel des Mount Cook bezogen hatten. Gemeinsam hatten wir im Westland-Nationalpark Neuseelands bucklige Gletscher, die schnell dahinziehenden Wolken und die ausgedehnten Farnwälder bewundert. Sie hatte diese wilden Gegenden geliebt, in denen nur Wind und Wetter regieren. Ich dachte auch an die Zeit zurück, als ich 1978 von der Erebus-Expedition zurückkehrte. Soeben waren amerikanische Flieger erschöpft in der McMurdo-Station eingetroffen. Sie waren in ihrer mit Schneekufen ausgerüsteten Hercules über den ganzen Kontinent geflogen, um die schwerverletzten Männer einer sowjetischen Flugzeugbesatzung zu retten, und mir war wohl bei dem Gedanken, in einem Land zu arbeiten, wo bei einem Unglück niemand lange Fragen stellt, sondern jeder nur einfach seine Pflicht tut, um den Mitmenschen zu retten. Es ist wirklich eine Gnade, hier arbeiten zu dürfen, wo Besitz, Reichtum und Ausbeutung von Bodenschätzen nicht alles ist, wo es keine politischen Grenzen gibt und Kriegsgerät verboten ist. Welch ein Segen wäre ein solcher Zustand für unsere bedrohte Welt!

Ich dachte auch über mein eigenes Leben nach und mein Bedürfnis, aus der sinnlosen Hast und Unrast auszubrechen, in die die technisierte Welt des Westens die Menschen verstrickt. Ich fragte mich, wie ein vernünftiger Umgang des Menschen mit dem sechsten Kontinent aussehen müßte. Welche Schäden haben Wissenschaft und Industrie schon angerichtet? Was würde die Zukunft bringen? Mein kompromißloser

Ein neuseeländischer Hundeführer nimmt einen heißen Schluck aus der Thermosflasche, um sich ein wenig aufzuwärmen, während sich seine Huskies im Schnee vor dem Hauptquartier Kapitän Scotts vom Jahre 1910 ausruhen. Die Konstruktion der Holzschlitten, deren Lasten mit Schnüren und Riemen festgezurrt sind, hat sich seit der Jahrhundertwende nicht geändert. (CM)

mancher Hinsicht war das alles nur ein Flaggezeigen, um die Begeisterung für das dahinsiechende Britische Empire neu anzufachen. Die Kämpfe der Pioniere mit einer feindlichen Umwelt waren aber auch Abenteuer, und man sollte sie vor allem als solche sehen. Als großes Vorbild wirken sie bis heute nach. Sechs Mitglieder der Shackleton-Expedition von 1907 bis 1909 erstiegen unter Führung von Douglas Mawson und Professor Edgeworth David im März 1908 als erste den Erebus, und zwar von Kap Royds aus. Den zweiten Aufstieg unternahm im Dezember 1912 von Kap Evans aus ein Team von Leuten Scotts, geführt von dem Wissenschaftler Raymond Priestley. Diese Unternehmungen brachten die ersten Daten von der Gipfelregion, und sie haben den Teilnehmern übermenschliche Strapazen abverlangt. Zelte wurden in tobenden Stürmen vom Boden gerissen, Finger erfroren, und Eruptionen überraschten die Leute.

Aus meiner Sicht gebührt jedoch die Ehre der Entdeckung des Erebus einer Expedition, die volle sechzig Jahre vor der Ära Shackleton und Scott

Ein Sturm braut sich über Kap Evans zusammen, wo die Hütte steht, die Scott 1910 bis 1913 bewohnte. Dahinter schiebt sich der Barnegletscher auf das Ufer zu. (CM)

die Rossinsel aufsuchte. James Clark Ross ist unter allen britischen Forschungsreisenden in der Antarktis wohl der unbekannteste. Von seinem 19. bis zum 39. Lebensjahr verbrachte er 17 Jahre in der Arktis. Zu seiner Zeit galt er in England als der bestmögliche Leiter für eine Expedition zur See in arktische Regionen. 1831 erreichte er den magnetischen Nordpol. Da lag es nahe, ihn zum Kommandanten einer Expedition zu ernennen, die durch die weißen Flecken auf der Landkarte zum magnetischen Südpol vorstoßen sollte. Ross verproviantierte und rüstete seine Schiffe HMS Erebus und Terror noch besser aus als bei den bisherigen britischen Polexpeditionen. Kurz nach Neujahr 1841 scheiterten seine Bemühungen, mit seinen gedrungenen Fahrzeugen – umgebauten Kriegsschiffen – den magnetischen Pol zu erreichen. Er mußte nämlich feststellen, daß hohe, eisbedeckte Berge die Küste des Viktorialandes säumten. Der Pol lag außer Reichweite! Hätte Ross seinen Vorstoß heute unternommen, hätte er direkt über den magnetischen Pol hinweg segeln können. Denn dieser jedoch in den Schlittenfahrten, die wir mit den Hunden durchführten. Diese kleinen Odysseen brachten uns mehr Erfahrungen über das Reisen in der Antarktis als jede langatmige theoretische Unterweisung.

Die Hundegespanne der Scott-Basis spielten die Hauptrolle, als während der sechziger Jahre geologische und kartographische Arbeiten in den Ausläufern des Transantarktischen Gebirges vorgenommen wurden. Eine Reise im Sommer von 1963 auf 1964 ging z. B. über 2500 Kilometer. Die Briten verließen sich bis 1975 fast ausschließlich auf ihre Hunde – zum Teil, weil wegen des etwas wärmeren Klimas auf der Antarktischen Halbinsel die Schneebrücken über Eisspalten dünner sind und die Eisdecke auf dem Meer nicht so gut trägt. Im Gegensatz dazu fingen die Neuseeländer schon ab Mitte der sechziger Jahre an, mit »Metallhunden« oder Skidoos zu experimentieren.

Jahrelang stritten sich die Gelehrten darüber, welche Art des Reisens die bessere sei. Bemerkungen wie »Mit einem Hundegespann kommst du immer wieder nach Hause« oder »Einen Vergaser kannst du nicht essen«, flogen in der Bar der Scott-Basis hin und her. In den siebziger Jahren wurden Kiwi-Hunde nur bei kurzen Fahrten eingesetzt, um Wissenschaftlern, die in der Nähe auf der Rossinsel oder dem Ross-Schelfeis arbeiteten, Nachschub zu liefern. Aber für längere Erholungs- und Ausflugfahrten der Mitarbeiter der Basis waren die Huskies weiter beliebt. Bedauerlicherweise

Wenn die Huskies an der Scott-Station sich zusammenrollen und wohlig die Nase unter den Schwanz stecken, können ihnen die Schneestürme, die über die Eisdecke des McMurdo-Sunds wirbeln, gleichgültig sein. Der Schnee ist so trocken, daß er unter den Schritten quietscht wie Styropor. So ist es kaum möglich, sich einem schlafenden Hund unbemerkt zu nähern. (CM)

Unterwegs nach Kap Royds. Ein neuseeländisches Hundegespann zieht einen Schlitten über die glatte, zwei Meter dicke Eisdecke am Fuß des Barnegletschers. Dieser fließt von der Flanke des Mount Erebus ab und mündet zwischen Kap Royds und Kap Evans. (CM)

überließen die Neuseeländer ihre Kiwi-Hunde 1987 dem Amerikaner Will Steger, der seine eigenen Hunde schon bis zum Nordpol geführt hatte. Fünf Kiwi-Hunde durchquerten 1988 mit Steger Grönland von Süden nach Norden, womit er seine internationale transantarktische Expedition im Jahre 1990 einleitete: Er durchquerte die Antarktis an ihrer breitesten Stelle. Es war selbstverständlich, daß einige der verdienten neuseeländischen Huskies zu einer letzten Abschiedsfahrt auf den Kontinent zurückkehren durften. Aber für staatliche Forschungsvorhaben in der Antarktis werden die Huskies nicht mehr verwendet. Auch Großbritannien, Australien und Argentinien mustern allmählich ihre letzten Tiere aus. Und so ist es sehr wahrscheinlich, daß Hunde in der Zukunft der Antarktis nur noch bei privaten Abenteuern eine Rolle spielen werden.

Ich wünschte, ich hätte die Ära der langen Hundereisen der Neuseeländer miterleben können. Immerhin hatte ich das Glück, zehn Jahre lang wenigstens an kürzeren Hundereisen in der Antarktis teilzunehmen. Jede

Die Trockentäler

Zuerst sieht man nur eine schwarze Linie. Bald eine zweite und schließlich, vom cremegelben Sandstein auf dem Rand einer Felsklippe aus, noch drei. Steinblöcke, die einen glatt wie Elfenbein, die anderen wie gewellte Trommeln, liegen da, von der Laune der Zeit wahllos verstreut. Das ist der »Fossilienwald« auf dem Mount Fleming am Ende des Wright Valley. Es ist eines der Dry Valleys in Viktorialand, in dem die Spuren des ewigen Wandels der Antarktis besonders deutlich werden. Der Wind faucht heran und jagt in wütendem Fall an uns vorbei, hinunter zum McMurdo-Sund. War es die trocken-kalte Wut des Windes, die die versteinerte Welt zu unseren Füßen so verwittert und poliert hat, oder doch der eintönige Vorgang der Sedimentbildung? Ein Wald aus kalten Steinen!

Prinz Edward kniet nieder und fährt mit den Fingern über das versteinerte Antlitz eines Baumes. Mit dem Rücken zum Wind kauere ich mich neben ihn. Laut schreiend, die Hände zum Trichter geformt, erkläre ich ihm, daß die Antarktis einst viel wärmer war und eine üppige Vegetation aufwies, z. B. die farnähnliche *Glossopteris*, die in niedriggelegenen Sümpfen wuchs. Fossilien der *Glossopteris* fand man übrigens 1912 im Zelt neben den Leichen der unglücklichen Mitglieder der Scott-Expedition. Schon den Tod vor Augen, hatte sich Dr. Wilson von ihnen nicht trennen wollen. Sie gleichen den Resten, die man auch in Indien, Südafrika, Australien und Südamerika gefunden hat und stammen aus der Permperiode vor 270 Millionen Jahren. Dieser wertvolle Fund von 1912 war der erste sichere Beweis für die Theorie, daß die Antarktis einst mit anderen Kontinenten verbunden war.

Nach weiteren 40 Millionen Jahren entwickelte sich die Flora der Triasperiode, in der sich Teile des Kontinents mit *Dicroidium*-Farnen, Buchen und Koniferen bedeckten, wie sie heute versteinert auf dem Mount Fleming zu sehen sind. Gegenwärtig liegt der allergrößte Teil der Antarktis unter Eis, und es ist ein Glücksfall für die Wissenschaft, daß solche Fossilien in den Dry Valleys und auf einigen Bergen, z. B. auf dem Berg über dem Beardmoregletscher, zugänglich sind. Aus den Fossilien nicht nur von Pflanzen, sondern vor allem auch von Wirbeltieren kann die Wissenschaft schließen, daß es in grauer Vorzeit den »Superkontinent« Gondwanaland tatsächlich gegeben hat.

Für Prinz Edward ist es außerordentlich spannend, die Spuren einer versunkenen Welt zu entdecken. Vor ein paar Stunden waren wir von der Ross-Dependance aus ins Beacon Valley geflogen, einen Steinwurf vom Taylor-Gletscher entfernt, um die Überreste der Karbonzeit in Augenschein zu nehmen. Am Fuße von Sandsteinsäulen durchziehen dort mehrere Meter dicke Kohlenflöze die windzerklüfteten gelben Felswände. Kohle findet man überall im Transantarktischen Gebirge, obwohl die

Rechte Seite: Phantastische Gebilde aus vom Wind ausgehöhlten Doleritfelsen begegnen dem Besucher überall in den Dry Valleys im Viktorialand. Manche sehen wie glatte, scharfkantige Pyramiden aus, andere bilden durch die Erosion wabenförmige Muster an der Oberfläche. Hinter diesem meterhohen Kunstwerk des Windes an der Nordseite der Olympus Range erblickt man die Randhöhen des Balham- und des Barwicktals, die, als intakte Talsysteme, zu Naturschutzgebieten erklärt worden sind. (CM)

Vorkommen nach modernen Maßstäben nicht abbauwürdig wären. Als wir zum Hubschrauber zurückgehen, versuche ich mir vorzustellen, wie der pflanzenfressende, die Sümpfe bewohnende *Lystrosaurus* und sein Vetter, das fleischfressende *Thrinaxodon*, dieses Land durchstreiften, in dem damals noch nicht einmal die Gipfel der heutigen Hochgebirge emporragten. Die vulkanische Rossinsel entstand erst sehr viel später.

Ein großer Teil der geologischen Antarktisforschung der USA und Neuseelands bestand in den letzten beiden Jahrzehnten darin, in den Dry Valleys und den Sedimenten auf dem Grund des McMurdo-Sunds Bohrungen durchzuführen. Die dramatische Entstehungsgeschichte der Transantarktischen Kette, die folgende Vereisung des Kontinents – dies sind Erkenntnisse, die entscheidend dazu beitragen können, die gegenwärtigen Klimaverschiebungen zu verstehen.

Der Hubschrauber schwebt in der Luft wie ein Schmetterling über einer Blüte. Der Pilot der US-Navy zieht die Maschine über die Felsklippe empor und steuert auf die Asgard Range zu, die sich am Südende des Wright Valley erhebt. Ein fünfzehnminütiger Abstecher führt zur neuseeländischen Vanda-Station, wo uns der traditionelle Kiwilunch – Gemüsesuppe und frisches Teegebäck – serviert wird.

Die Vanda-Station ist bekannt als gemütlich, sonnig und spartanisch. Seit ihrer Errichtung 1966 ist sie normalerweise von Ende Oktober bis Ende Januar in Betrieb. Dreimal haben die Kiwis dort auch überwintert. Die Basis ist ein Konglomerat von Holzkästen, die sich wie Erbsen in einer Schote auf einer Terrasse am Vandasee eng nebeneinander drängen. Dank der dicken Stahltrossen, die im ewigen Eis verankert sind, halten sie den Stürmen stand. Hier kann man fast die Uhr nach den Fallwinden stellen, wenn sie nachmittags heulend einfallen. Wenn Wissenschaftler nach dem Abschluß ihrer Arbeit im Gelände zur Vanda-Station hinuntersteigen, um nach Wochen des Umherstreifens in den Bergen eine Ruhepause einzulegen, erschallen fröhliche Begrüßungsrufe. Die Wangen sind dunkel gebräunt vom Wind, aber wo die Parkas beginnen, sieht man weiße Linien rings um den Hals. Lederhäutige Finger sind steif geworden und knacken vor Trockenheit. Staubig und zerzaust sind die Haare, und die Augen glänzen vom wilden Licht der Berge. Erregt öffnen die Männer Briefe von zu Hause und lesen mit abwesenden Blicken. Mit den Kollegen, die noch draußen sind, wechseln sie per Funk Anzüglichkeiten, und sorglos zieht sich das Gespräch beim Rum bis tief in die Nacht hinein. Ein unbändiges Gefühl der Freiheit, das vom Steinmeer der verwitterten Felsen und dem unendlichen Himmel erzeugt wird, durchzieht jeden, der sich hier aufhält.

1973 arbeitete ich mit einer italienischen Expedition in den Dry Valleys. Vor dem turbulenten Weihnachtsfest in Vanda erkletterten der

Linke Seite: Vor der unendlichen Weite des McMurdo-Sunds nimmt sich der 3794 Meter hohe Vulkan Erebus nur bescheiden aus. Auf dem frischen Eis fangen sich die glitzernden Strahlen der Herbstsonne. Bald sinken die Temperaturen, und im März zieht der Winter auf der Rossinsel ein. (CM)

Jeder, der einmal in der Antarktis war, ist ihr unrettbar verfallen. Nirgends sonst vereinigen sich Majestät, Schönheit, Weite, Einsamkeit und schroffe Ablehnung zu solcher Pracht. Das klingt sehr romantisch, beschreibt aber genau die Gefühle, die die Antarktis im Menschen hervorruft. Wo sonst auf der Welt steigert sich die Natur zu solcher Herrlichkeit?

CAPTAIN T. L. M. SUNTER
in »The Antarctic Century Newsletter«

Rechte Seite: Ein Pyramidenfelsen und eine Gebirgsansicht vebinden sich in der Nähe der Einfahrt zum Lemairekanal zu einem kontrastreichen Ensemble. (TDR)

Himalaya-Veteran Ignazio Piussi und ich zum ersten Mal von Westen her den »Obelisken«, einen hohen Sandsteinturm in der Asgard Range. Den Abstieg in der Abenddämmerung unternahmen wir über den Südgrat. Ein plötzlicher Lichteinfall ließ dünne Schneelinien in der Tiefe des Felsgrundes aufblitzen, die auf den Rändern der vom Frost aufgeworfenen Löcher wabenförmige Muster bildeten. Wie ins Reich der Phantasie versetzt fühlt sich der Bergsteiger hier in der Antarktis, wenn er diese symmetrischen, schachbrettartigen Flächen betrachtet. Der »Obelisk« war die erste von mehreren neuen Kletterrouten in der Ross-Dependance, die ich in den nächsten zehn Jahren erschloß. Seit meiner Jugend habe ich davon geträumt, mit den Neuseeländern in der Antarktis zu arbeiten. Berichte, wie Sir Edmund Hillary auf seiner privaten Antarktisexpedition 1967 den eleganten Mount Herschel im Nordviktorialand bezwang, erweckten zusätzlich meinen Ehrgeiz. Auch las ich über amerikanische Expeditionen zu den höchsten Gipfeln der Ellsworth Mountains. Im Dezember 1988 unternahm ich einige Klettertouren in den Ellsworth Mountains in der Nähe der Station der Antarktischen Halbinsel. Als ich auf dem Vinsonmassiv stand – näher kommt man auf der Erde nirgends an das immer größer werdende Ozonloch heran – und in die Ellsworth Mountains hineinsah, war ich wieder einmal davon überzeugt, daß die antarktischen Berge ein Mekka für Bergsteiger im nächsten Jahrhundert sein werden. Die Schönheit und Majestät der großen Gipfel der Antarktis und die unbeschreibliche Einsamkeit der Dry Valleys haben mein Leben geprägt.

Ich fand einmal an einer Wand in Vanda die Worte einer neuseeländischen Bergsteigerin, der verstorbenen Jill Tremain: »Welch ein Privileg, die Stille und den Frieden dieses Landes genießen zu dürfen ...« War Jill in einem früheren Leben einmal in den Dry Valleys gewesen? Lebt sie dort weiter?

Für ein paar Wochen im Sommer fließt im Land drinnen der Onyx River, der größte Fluß im Viktorialand, von einem Eisplateau an der Küste zum Vandasee. Von den Bergspitzen in der Olympus Range aus gesehen, nimmt er sich wie ein Silberband aus, das sich still talauf windet. Jedes Jahr werden in Vanda und in den verräucherten Bars auf der Rossinsel zahllose Wetten abgeschlossen, ob der Onyx es bis zu den Sandbänken am Seeufer schaffen wird. Manchmal verliert nämlich der Fluß auf halbem Weg den Mut und versickert in den Sand- und Steinfeldern. Aber bei gutem Wasserstand läßt er sogar die verwegenen Floßfahrten einer verrückten Schar Kiwi-Desperados – der »Asgard Rangers« – zu. Die »Asgard Rangers« beobachten die Wasserstände im ganzen Tal sowie die Bewegungen hängender Gletscher, die sich wie ausgediente Pantoffeln übers Geröll vorschieben, und erstellen Tabellen über lokale Klimaverschiebungen.

Ein Gang über die gefrorene Fläche des Vandasees ist wie eine Reise mit Alice im Wunderland. Vier Meter dicke Eisprismen bilden eine Lupe, durch die man ins klarste Wasser der Erde sehen kann. Es ist absolut unbewegt, empfängt aber das Sonnenlicht durch die Eislinse an der Oberfläche und wird so schichtweise wärmer, je mehr die Dichte und der Salzgehalt in der Tiefe zunehmen. Drunten in 70 Meter Tiefe beträgt die Temperatur 26 Grad. Dort wachsen primitive Algen und bilden dicke, schlüpfrige Überzüge auf dem Gestein. Aus ihnen steigen in kegelförmigen Säulen Luftblasen auf, die der Sonne entgegenrollen, sich aber oben im Eis fangen. Im Frühling ist das Eis des Vandasees durch Trockenheit und Kälte so stumpf, daß man nicht darauf eislaufen kann. Im Don-Juan-Teich in der Nähe des »Labyrinths« ist das Wasser mit einem nur hier vorkommenden mineralischen Salz – Antarktizit – dermaßen gesättigt, daß es sogar im Winter bei minus 60 Grad nicht gefriert. Hier und da finden sich in der Landschaft die Kadaver von Krabbenfressern und Weddellrobben, die als Einsiedler landeinwärts gewandert sind, um dort, fern vom Meer, einsam zu sterben. Einige dieser Wanderer sind bis zu 700 Meter hoch in die Berge vorgedrungen, bevor sie vor Erschöpfung und Hunger im beißenden Wind zusammenbrachen. Jahrhunderte ohne Regen haben ihre gedrungenen Körper mumifiziert, und Unbehagen überfällt den Wanderer, wenn er ihre glasigen, opalisierenden Augen auf sich gerichtet fühlt.

Für den oberflächlichen Beobachter hat sich das Leben aus den Dry Valleys für immer zurückgezogen und ist völlig erloschen. Das stimmt aber nicht ganz. Von der Sonne werden immer wieder Gletscherbäche zum Leben erweckt, die in den hellen Sommertagen von Algen smaragdgrün erglühen. Die Mehrzahl der Flechten ist dunkelgrau, gelb oder schwarz, andere aber sind auffälliger, rötlich und zottig. Sie legen sich um Granitblöcke oder drängen sich in winzigen, abblätternden Spalten zusammen und können noch von dem kleinsten Fetzchen Schnee Feuchtigkeit aufnehmen. Einige sind flach und hart, wagen nicht, sich übermäßig dem Wind auszusetzen, und können nicht mit der luxuriösen bunten Sammlung konkurrieren, wie sie die Antarktische Halbinsel aufweist. Andere, die besonders geschickten endolithischen Flechten, gehen dem Wind überhaupt aus dem Wege. Sie führen eine verstohlene Existenz innerhalb von porösen Felsen, versteckt unter den äußeren kristallinen Schichten. Bei Pflanzen, die sich aufs Existenzminimum beschränken müssen und fast das ganze Jahr über unter extremem Wasser- und Lichtmangel leiden, ist dieser hartnäckige Überlebenswille bewundernswert. Für viele Reisende in diesen Gebieten der Antarktis gewinnen jedoch selbst die Felsen Leben. Von Wind und Erosion modelliert, verwandeln sich die Dolerite, Granite und Sandsteine in phantastische Geschöpfe, die immer wieder anders aussehen. Eichhörnchen, Elefanten, Hobbits überall! Man möchte diese einfachen, glatten, sinnlichen Formen berühren und streicheln. Die Stimmung der Felsen ändert sich sofort, wenn eine Schneewand vom Polplateau heranrückt. Andere Gebilde entstehen, wenn der Schnee wieder verschwindet. Manchmal schmilzt dieser nicht auf die übliche Art, sondern löst sich vor den Augen des Betrachters in Dampf auf.

Wer in den Dry Valleys wandert, ist niemals allein. Hier herrschen strenge Sitten, besonders was Abfälle betrifft. Die Wissenschaftler müssen allen Müll einschließlich der eigenen Ausscheidungen direkt zur Rossinsel oder wenigstens nach Vanda zurückbringen, wo er später aus dem Ökosystem der Dry Valleys entfernt wird. Man versucht jetzt auch, den bleibenden Schaden, den Fahrzeuge in den Dry Valleys verursachen, zu verhindern. Deshalb ist heute nur noch ein altersschwacher Ferguson-Traktor zugelassen, der von Sir Edmund Hillarys Ausflug zum Südpol von 1957/58 stammt.

Beim Dry-Valley-Bohrprojekt zu Beginn der siebziger Jahre versuchte man zum ersten Mal die Auswirkungen eines solchen Unternehmens auf die Umwelt der Antarktis abzuschätzen. Das gelang zwar nicht vollständig, aber seitdem achtet man doch etwas genauer auf die Umweltauswirkungen anderer Projekte. So muß überprüft werden, ob neue Schutzhütten wirklich notwendig sind, und andere Spuren menschlicher Forschertätigkeit wie Markierungspflöcke, Zeichen an Felsen und andere Hilfen für Experimente sollten nach Abschluß des jeweiligen Projekts wieder entfernt werden.

Dauernde Wachsamkeit ist geboten, damit die Vorschriften für die Schutzgebiete in den Dry Valleys auch wirklich befolgt werden. Bei einigen dieser Gebiete, z.B. dem Barwick Valley – bestes Beispiel für ein extremes Wüstenökosystem am Pol –, muß man besonders darauf achten, daß keine Mikroorganismen eingeschleppt werden. Wissenschaftler dürfen das Barwicktal nur zu Fuß, nach einem langen Anmarsch vom Wright Valley aus, betreten und keine Straßenfahrzeuge oder Flugzeuge benützen. Diese Regelung muß unbedingt aufrechterhalten werden. Die Unberührtheit dieses Tals ist von höchstem Wert, und es darf heute und in der Zukunft höchstens der Umweltforschung zugänglich sein.

Ein Prinz am Pol

Winzige Regenbogen glitzern überall, als das Sonnenlicht auf die blitzenden Eisprismen fällt. Mit minus 33 Grad ist es nach den Maßstäben dieser Breiten nicht sehr kalt, aber die trockene Kälte dringt trotzdem heimtükkisch in alle Knochen und verlangsamt jede Bewegung. Die Sonne scheint in fahlem Gelb und ist von Fächerhalos umgeben. Eine hohle Chromkugel auf einer gestreiften Stange über dem gewellten Wüstenschnee spiegelt verzerrt die Fahnen aller Nationen des Antarktisvertrags. In dieser polierten Kugel, die in 2800 Meter Höhe auf dem Polplateau auf einer Stange balanciert, sind smaragdgrüner Himmel und weißes Eis auf engstem Raum vereint – ein schönes Symbol! Von hier aus, dem Knotenpunkt der Meridiane, geht jeder Blick nach Norden. Wie hat man diese erhabene Bühne jemals als das »hinterste Ende der Welt« bezeichnen können?

Wir befinden uns am geographischen Südpol, ein weißer Fleck auf den Landkarten der Pioniere gar nicht weit zurückliegender Tage, und in den vergangenen dreißig Jahren für die Wissenschaft ein unersetzliches Fenster zu den oberen Schichten der Atmosphäre. Darunter wird in einem Eiskatalog von Tausenden Metern Dicke schichtweise eine genaue Chronologie aufbewahrt – welterschütternde Ereignisse von vulkanischen Eruptionen bis zu den verbrecherischen Abfallprodukten unseres Atomzeitalters. Nicht weit von hier kauert wie ein gigantisches Gürteltier die niedrige Kuppel der geodätischen Amundsen-Scott-Südpolstation, wo das antarktische Forschungsprogramm der Vereinigten Staaten untergebracht ist.

Der Südpol ist heute aber nicht nur zu einem Zentrum der Wissenschaft, sondern auch zu einem Ausflugsziel für kühne Abenteurer geworden. 1958 trafen sich hier – ausgehend von entgegengesetzten Enden des Kontinents – »Bunny« Fuchs und Edmund Hillary, jeweils an der Spitze einer Karawane von Hunden, Traktoren und Schneekatzen. Seit sich Scott ein halbes Jahrhundert zuvor erschöpft auf den Rückweg zur Beardmore-Station machen mußte, war dies die erste Überlandfahrt zum Pol.

Nur zwölf Teams sind bisher auf dem Landweg zum Pol vorgedrungen. Die meisten verfolgten wissenschaftliche Ziele und benützten schwerfällige Traktorenkonvois. Einige sind aber auch mit Skidoos hierhergelangt und unförmigen, von Menschen gezogenen Plastikschlitten. Jüngst schob sich eine Touristengruppe auf Langlaufskiern und unterstützt von Skidoos über die Sastrugis. Die Überwindung der bürokratischen Hürden war dabei oft ein härterer Test für die Ausdauer der Teilnehmer als die Reise selbst. Die Reisegruppe kam im Januar 1988 zurück, und daraufhin flog die kanadische Gesellschaft Adventure Network International die ersten zahlenden Touristen auf den 90. Breitengrad südlicher Breite. Andere Reiseunternehmen werden folgen. Im Februar 1990 beendigten der Südtiroler Bergsteiger Reinhold Messner und der Deutsche Arved Fuchs ihre 92 Tage dauernde Skifahrt über den Kontinent vom Ronne-Eisschelf zur Rossinsel. Zwei Wochen später machten sich die

Mitglieder der Internationalen Transantarktisexpedition von 1990 mit Hundegespannen an ihren Abstieg vom Polplateau und gelangten wohlbehalten zur sowjetischen Basis Mirny an der Wilkesküste im Osten der Antarktis. Diese vierte Durchquerung der Antarktis war ein Triumph für den Husky und die internationale Zusammenarbeit. Aber nunmehr sind genaue Regeln für private Expeditionen aufgestellt worden.

Im Dezember 1982 begleitete ich die Touristengruppe um Prinz Edward zum Pol, nachdem wir drei Stunden von der Rossinsel über den Kamm des Transantarktischen Gebirges geflogen waren. Der Vater des Prinzen, der Herzog von Edinburgh, hatte die antarktische Halbinsel auf der königlichen Jacht »Britannia« bereits 1957 aufgesucht. Dies aber war der erste Besuch einer Person königlichen Geblüts im Herzen des Kontinents. Der Prinz mischte sich unter die amerikanischen Wissenschaftler und befragte sie über ihre Forschungen. Einige Stunden später dröhnte die »Hercules« der Rossinsel entgegen. Erebus, der Eisdrache, glühte in der Mitternachtssonne. Im Norden brach die Eisdecke auf, und in der Ferne zeigte sich eine schwarzblaue Linie: der offene Ozean! Zeit zur Rückkehr nach Neuseeland. Und doch wußte ich wieder einmal: Meine Fahrt über das Glasfarbenmeer hatte mich verändert.

Schützt die Antarktis!

Meine Reisen zur Antarktis in einem Zeitraum von 16 Jahren haben mir reichlich Gelegenheit gegeben, über unser zukünftiges Verhältnis zu diesem Kontinent nachzudenken. Der Antarktisvertrag ist international als großer Erfolg gefeiert worden. Und das war er in der Tat in den letzten dreißig Jahren. Da der Vertrag in den Grundzügen wohl durchdacht und weitgehend respektiert worden ist, besteht kein Grund zur Klage.

Die Nationen des Antarktisvertrages haben verschiedene Vereinbarungen zugunsten des Umweltschutzes getroffen, so die Bestimmungen »zum Schutz der antarktischen Fauna und Flora« von 1964, »...zum Schutz der antarktischen Robben« von 1972 und die »Konvention zum Schutz des antarktischen Lebens im Meer« von 1980. Heute gibt es Bestrebungen, umfassende Umweltschutzbestimmungen auszuarbeiten, die das Land heil ins nächste Jahrhundert bringen können. Dabei gilt es eine Reihe von aktuellen Problemen zu lösen, so die Vermehrung von Stationen, die, abgesehen von anderen Faktoren, der Tierwelt immer mehr ihren Lebensraum streitig machen, die nicht zu verantwortende Anlage von Landebahnen zwischen Pinguinbrutplätzen, die Beseitigung von Abfällen land- und seegestützter Operationen und die Benutzung von nicht gegen das Eis geschützter Schiffe zu Privatexpeditionen. Ein revidierter Antarktisvertrag oder neue Ergänzungsbestimmungen müßten die Ausbeutung von Bodenschätzen jedweder Art auf dem Kontinent und im Südpolarmeer mit einem Bann belegen oder gravierend einschränken. Die ursprünglichen Unterzeichner des Vertrags dachten schließlich noch nicht im Traum daran, daß Bergbauingenieure auch so weit südlich gelegene Reviere anvisieren könnten. Aber wir wissen nur zu gut, wie schnell in unserem Jahrhundert unvorhergesehene Änderungen eintreten. Es gibt auch Vorschläge, schon heute die ganze Antarktis zum Naturschutzpark zu erklären.

Auch in dieser Zeit des schnellen Verkehrs und der Satellitentechnologie behält die Antarktis ihren Stellenwert als unerschöpfliche Fundgrube für grundlegende, ja lebenswichtige wissenschaftliche Daten. Schon als Indikator für die Klimaschwankungen der Erde und für die Luftverschmutzung spielt sie eine unersetzliche Rolle. Die Entdeckung, daß sich die schützende Ozonschicht in der oberen Atmosphäre über beiden Polgebieten zunehmend auflöst, war ein Alarmzeichen. Sollte sich der vermutete Zusammenhang zwischen dem Ozonloch und verminderter Phytoplanktonmenge bestätigen, so wäre dies eine Katastrophe. Denn weniger Phytoplankton bedeutet weniger Futter für Krill und dadurch möglicherweise weniger Krill für die Pinguine, Robben und Wale der Antarktis. Noch ist der Krill zuwenig erforscht, als daß die Wissenschaft schon Aussagen über die Auswirkungen dieser Erscheinung machen könnte.

An einer anderen Front des Kampfes für die Umwelt hat Greenpeace 1986 auf Kap Evans am Fuß des Erebus eine kleine Basis errichtet. Das wurde möglich, weil die Antarktis mehr und mehr in den Blickpunkt der Öffentlichkeit geriet. Immer wieder gab es Beschwerden von allen Seiten des Kontinents über die Nachlässigkeit, mit der bei Forschungsprojekten in der Antarktis Abfälle in der Nähe von Stationen verstreut oder ins Meer geworfen wurden. Seitdem sind manche dieser Stationen aus ihrem Dornröschenschlaf aufgewacht. Es müßte doch einen weltweiten Aufschrei auslösen, wenn bekannt wird, daß von Stationen auf der König-Georg-Insel Ströme von Benzin ins Meer fließen, daß frisches Teichwasser, das einst in einer besonders geschützten Zone lag, jetzt als nicht mehr trinkbar qualifiziert wird und daß auch Wasseruntersuchungen im McMurdo-Sund schon zeigen, wie verschmutzt das Meer dort ist. Journalisten gehen oft hart mit Privatexpeditionen oder Touristen am Südpol ins Gericht, die nur eine Orangenschale fallen lassen. Aber in ihren Berichten vergessen sie meist zu erwähnen, daß andere auf dem Eis an der Polstation im Lauf der Jahre wahre Müllhalden haben entstehen lassen. Wegwerfprodukte aus unserem Plastikzeitalter sind freilich nicht nur ein Problem für die Antarktis, sondern vor allem für die Lebensräume der Menschen.

Ich trage mich immer noch mit dem Traum von einem modifizierten Antarktisvertrag, der den Kontinent so wirksam schützen könnte, wie noch nie zuvor ein Gebiet geschützt worden ist. Wäre es nicht möglich, zuallererst die absurden politischen Grenzen auf der antarktischen Landkarte auszuradieren? Statt dessen hat man 1982 den argentinisch-britischen Konflikt nach Südgeorgien und damit in ein Gebiet hineingetragen, das Shackleton das »Tor zur Antarktis« nannte.

Die Zahl der Nationen, die in den jüngsten Jahren Forschungsstationen errichtet haben, steigt sprunghaft. Dazu kommen immer mehr Schiffe privater Reiseunternehmen, was die Gefahr von Ölkatastrophen in den antarktischen Gewässern vergrößert. Der Verlust der westdeutschen »Gotland II« vor dem nördlichen Viktorialand und die Ölpest, die nach dem Untergang des argentinischen Schiffes »Bahia Paradiso« 1989 an der antarktischen Halbinsel auftrat, sind alarmierende Zeichen. Wir müssen gezielt den Reiseverkehr einschränken, indem wir uns gemeinsam an bestehenden Einrichtungen beteiligen und internationale multidisziplinäre Programme auf dem Kontinent unterstützen. Wir könnten durch effiziente Ausnutzung der heutigen Technologie das Durcheinander der vielen Aktivitäten in der Antarktis reduzieren und dem Vorurteil begegnen, daß Mitgliedschaft im »Vertragsklub« unbedingt nach wissenschaftlicher Präsenz oder der Errichtung neuer Stationen verlangt. Ein verbesserter Vertrag müßte Versuche ausschalten, territoriale Ansprüche dadurch zu untermauern, daß man Militärkolonien mit den dazugehörigen Gebäuden, Schulen und Wohnungen einrichtet. Aber vor allem müssen wir unseren Lebensstil ändern, damit wir ohne den unermeßlichen Reichtum an Bodenschätzen auskommen, den die Antarktis vermutlich birgt.

Der südliche Kontinent zieht unaufhörlich kühne Träumer in seinen Bann. Ob sie aber wissenschaftliche Daten erheben, Berggipfel erklettern oder einfach die Tierwelt der Antarktis bestaunen: es sind nur vorübergehende Besucher. Sie haben die Verantwortung, dafür zu sorgen, daß ihr Verhalten im Einklang mit der Welt der Antarktis und ihrer einzigartigen Flora und Fauna steht. Wir alle müssen dazu beitragen, das Bewußtsein zu wecken, daß der Schutz der unberührten Wildnis der Antarktis ein Anliegen der ganzen Menschheit ist. Vorbei sind die Zeiten, in denen man ungestraft erobern und kolonisieren konnte. Die Antarktis liegt direkt vor unserer Haustür und ist ein integrierender Bestandteil des Organismus Erde. Schon hat die Jagd nach wissenschaftlichem Fortschritt durch manchmal allzu großzügigen Umgang mit Material im Gesicht der Antarktis Narben hinterlassen. Die Jagd nach Reichtum würde es zerstören. Noch haben wir die Chance, den Kontinent als reine »Eiswildnis« zu erhalten. Die Entscheidung liegt bei uns . . .

(CM)

Hinweise zur Fotografie in der Antarktis

Bei der Dokumentation von Expeditionen in der Antarktis bin ich immer wieder an die Grenzen meiner Möglichkeiten gestoßen. Denn eine derartige Dokumentation beansprucht die Kräfte noch über das Maß hinaus, das einem die Reise selbst psychisch und physisch abverlangt. Will man Bilder mit nach Hause bringen, die durch ihren künstlerischen Wert und ihre Aussagekraft überzeugen, braucht man ein ganz neues Konzept für den Weg durch diese entfernte Weltgegend.

Das Licht in der Antarktis hat erstaunliche Eigenschaften. Meiner Meinung nach ist es bisher nur selten geglückt, es wirklichkeitsgetreu wiederzugeben. Das liegt zum Teil daran, daß bisher nur wenige die biologisch und klimatisch sehr unterschiedlichen Regionen der Antarktis unter fotografischen Aspekten bereist haben. Die meisten Antarktisreisenden sind ja auf ihren Wegen durch den Kontinent mit ganz anderen Dingen beschäftigt. Sie führen wissenschaftliche Untersuchungen durch, beladen Schlitten oder kämpfen mit dem Wind, um das Zelt zu stabilisieren. Die Tage sind randvoll mit Arbeit, und häufig ist schnelles Vorankommen überlebenswichtig. Da bleibt fürs Fotografieren oft nur die Rast am Lager nach einem anstrengenden Tag. Am Bedürfnis nach Wärme oder am bloßen Kampf ums Überleben sind leider oft meine schönsten Bilder gescheitert.

Doch ist in der Antarktis gerade schlechtes Wetter der geeignete Zeitpunkt, die Kamera aus der Tasche zu holen. Ich liebe den drohend kohlschwarzen Himmel, die gefrorenen, wettergebräunten Gesichter und die Hagelschauer, unter denen Pinguine am Eisstrand umherstreifen. Und ich liebe auch die düsteren, ebenholzfarbenen Wolken, die sich auf einer Eisklippe in einem Mosaik von Grautönen spiegeln und dem Piloten, Seemann, Bergsteiger oder Wissenschaftler bewußt machen, wie klein und unbedeutend der Mensch ist. Entscheidend ist immer ist die Stimmung. Ein Fotograf in der Antarktis hat nur Erfolg, wenn es ihm gelingt, das eigene Ego voll unter Kontrolle zu halten und sich selbst nicht in den Vordergrund zu drängen. Noch besser sind Bilder, auf denen überhaupt keine Menschen zu sehen sind. Wir sind überall in der Antarktis nur Eindringlinge. Das grandiose Naturpanorama erinnert uns stets daran.

Vorbereitungen

Wenn Sie neue Kameras brauchen, kaufen Sie diese unbedingt lange genug vor der Abreise. Verwenden Sie einige Monate darauf, sich mit allen Tücken der neuen Kamera vertraut zu machen. Verschießen Sie so viele Filme wie möglich, beachten Sie die Belichtungszeiten und die Ergebnisse, die Sie in verschiedenen Situationen damit erzielen, vor allem bei Sonne auf Wasser und Schnee. Gewöhnen Sie sich daran, sämtliche Bedienungselemente mit Handschuhen zu bedienen. Wechseln

Sie die Objektive, bis Sie jeden Handgriff mit geschlossenen Augen beherrschen. Das gilt auch für den Filmwechsel. In der Antarktis müssen Sie sich oft auf Ihren Stand konzentrieren. »Winterfeste« Spiegelreflexkameras für extreme Kältegrade sind teuer und im allgemeinen nicht erforderlich. Die heute verfügbaren Molybdän- und Siliconfette sind für Temperaturen bis zu minus 35° Celsius völlig ausreichend. Die Verschlüsse älterer SLR-Kameras können allerdings bei extrem niedrigen Temperaturen langsamer ablaufen, und mitunter klemmt auch der Spiegel. Nehmen Sie ausreichend Ersatzbatterien mit. Das ist vor allem wichtig bei modernen Autofocuskameras, die bei Eiseskälte Batterien nur so fressen. Reichlich Ersatzbatterien sind ebenfalls wichtig, wenn Sie Blitzlicht oder Motorwinder verwenden wollen.

Kleidung

Ihre Kleidung sollten Sie so wählen, daß Sie die Kamera immer schußbereit um den Hals tragen können. Einteilige Windschutzanzüge und isolierte Overalls mit Brustlatz sind ideal, um Kameras vor der Kälte zu schützen und die Batterien der Belichtungsmesser warm zu halten. Mit Fiberwolle oder Daunen gefütterte Taschen an den Außenseiten sind wichtig zum Wärmen der Hände. Wenn die Kamera gut verstaut ist, kann sie Ihnen beim Klettern oder Skifahren nicht ins Gesicht schlagen.

Die Fotoausrüstung sollte nicht mit anderen Utensilien zusammengepackt werden. Es dauert dann einfach zu lange, bis man das jeweilige Zubehör findet. Hier ist eine ungefütterte Jacke mit vielen Reißverschlußtaschen unterschiedlicher Größe zur Aufbewahrung von Ersatzobjektiven, Filtern, belichteten und unbelichteten Filmen, eine gute Lösung. Gewöhnen Sie sich an, die zusammengehörigen Teile in bestimmten Taschen zu verstauen, so daß Sie nicht lange danach suchen müssen. Engmaschige synthetische Fingerhandschuhe sind ein wahrer Segen, wenn Sie mit kaltem Metall umgehen müssen. Aber sie nützen sich schnell ab, nehmen Sie also Ersatz mit. Sichern Sie die Fausthandschuhe mit elastischen Bändern am Handgelenk, damit sie nicht weggeweht werden, wenn Sie sich auf eine Aufnahme konzentrieren müssen. Fausthandschuhe muß man schnell anziehen können, um die Finger zwischen zwei Aufnahmen aufzuwärmen. Dickere Handschuhe (auch mit elastischen Bändern) braucht man oft für höhergelegenes Gelände weiter im Innern.

Taschen für die Ausrüstung

Der praktischste Kamerabeutel, den ich in der Antarktis je hatte, war ein Schaumstoff-»Bumbag« der Firma Lowe, den ich um die Hüften trug. Wenn man ihn braucht, wird der Beutel einfach nach vorne gezogen, und man kann bequem in die verschiedenen Boxen greifen. Anders als die üblichen Ski-Umschnalltaschen ist der Lowe ziemlich steif, so daß schwere Teile nicht auf den Schnee fallen, wenn der Reißverschluß geöffnet wird. Wenn irgendein Stück meiner Ausrüstung nicht in den Lowe-Sack paßt, bleibt es zu Hause.

Kameras

Auf einer Expedition nehme ich immer drei Olympus OM1- und OM4-Kameras mit, weil ich die Erfahrung gemacht habe, daß es besser ist, in einem Basislager wenigstens einen Ersatzapparat zu haben, als während der Reise mit dem Reparieren anzufangen. Die Ersatzkamera bleibt in einem staub- und wasserdichten Behälter, während ich mit den beiden anderen arbeite. Ich reise mit zwei Kameras, bis es auf großen Höhen zu anstrengend wird und ich eine davon zurücklasse. Um möglichst selten Objektive wechseln zu müssen, ergänzen sich die Objektive der beiden Kameras. Oft sind das ein 24-mm-Objektiv und ein leichtes 75–150-mm-Zoomobjektiv. Unter extremen Bedingungen empfiehlt es sich, beide Kameras mit der gleichen Filmsorte zu laden, so daß man über 72 Aufnahmen verfügt, bevor neue Filme eingelegt werden müssen.

Am liebsten sind mir Spiegelreflexkameras mit möglichst wenig Elektronik, die der Kälte und den unvermeidlichen Püffen am besten standhalten. Das ist auch der Grund, weshalb ich so auf die leichte OM1 schwöre. Die OM4 hat einen sehr genauen Belichtungsmesser, der aber bei extremer Kälte manchmal ausfällt. Wenn die doch ziemlich schwere Spiegelreflex hinderlich wird, tun es auch 35-mm-Sucherkameras wie die Olympus XA Serie. Schon in einer schmalen, in einem Windanzug eingenähten Tasche läßt sich diese Miniaturkamera bequem unterbringen. Die dünnen Tragschlaufen solcher Kameras sollten aber durch ein festes Nylonband ersetzt werden, damit man sie um den Hals hängen kann.

Verzichten Sie auf die üblichen Alukoffer (damit sparen Sie auch Geld), und verlassen Sie sich auf die Aufbewahrung im Bumbag oder dem Overall. Koffer machen nur Ärger, wenn man Filme unter schwierigen Bedingungen wechseln muß. Werfen Sie auch Kamerariemen aus Plastik sofort weg. Diese sind im allgemeinen zu lang und werden in der Kälte steif und brüchig. Ersetzen Sie sie durch 2 cm breite Nylonbänder, für jede Kamera eine andere Farbe. Wählen Sie die Länge so, daß die Kamera gerade in den Brustlatz Ihrer Overalls rutschen kann. Befestigen Sie wenn möglich Ersatzfilme an diesem Band, so daß Sie diese immer in Reichweite haben. Sichern Sie Zubehörteile so, daß sie Ihnen bei der Arbeit nicht ins Gesicht geweht werden können

Motorwinder

Winder sind zu empfehlen, wenn es um Aufnahmen von Tieren in freier Wildbahn geht. Glücklicherweise bewegen sich in der Antarktis, außer rasanten Skifahrern, die meisten Leute ohne Eile, so daß sich ein Winder ansonsten erübrigt. Angesichts der extremen Trockenheit im Innern des Kontinents ist bei Verwendung eines Motors Vorsicht geboten. Wenn der Winder den Film zu schnell an den Kunststoffteilen der Führung vorbeizieht, kann es zu statischen Aufladungen kommen, die üble blaue Striche und Schlieren auf der Beschichtung verursachen.

Objektive

Da Sie in der Antarktis oft mit kalten Fingern arbeiten müssen, lassen Sie Kamerasysteme mit der guten alten Schraubfassung besser zu Hause. Systeme mit einer modernen Bajonettfassung sind ein Muß. Statt Objektivdeckel verwende ich eine Gegenlichtblende aus Metall, nicht aus Gummi. Sie schützt die Linse und hält unerwünschtes Seitenlicht fern.

Auf Expeditionen bevorzuge ich 18-, 24-, 35-, 70-, 75-/150- und 300-mm-Objektive. Zoomobjektive haben den großen Vorteil, daß ich bei der Ausschnittbestimmung sehr variabel bin, ohne unbedingt den Standort wechseln zu müssen. Das 24-mm-Objektiv ist mir am liebsten in Situationen, wo das Motiv extrem nah ist, aber der Hintergrund, etwa ein Panorama, auch scharf herauskommen soll.

Stative Es ist nicht einfach, für die Polarzone einen guten Kompromiß zwischen Gewicht und Stabilität zu finden. Ob Sie ein großes Stativ mitnehmen, hängt stark von Ihren Transportmöglichkeiten ab. Ein Stativkopf, den Sie an einem Eispickel befestigen können, ist ein guter Kompromiß für die Arbeit in großen Höhen. Es lohnt sich, gewisse Unbequemlichkeiten in Kauf zu nehmen, wenn man Aufnahmen im Mondschein oder vom Innern historischer Hütten machen will, die lange Belichtungszeiten erfordern. Vergewissern Sie sich, ob die Feststellvorrichtungen an den Beinen Ihres Stativs fest genug, aber auch mit Handschuhen leicht genug zu bedienen sind.

Filter Verwenden Sie so wenig Filter wie möglich, und sei es auch nur aus dem Grund, daß es höllisch schwierig ist, mit klammen Fingern Filter an- und abzuschrauben. Ultraviolett- oder Skylight-(1A-)Filter sind nützlich, wenn man starke ultraviolette Strahlung abschirmen und das Objektiv schonen will. Ein Graufilter mit abgestufter Dichte (oben halbgrau, unten halbdurchsichtig) ist oft wertvoll, wenn ein dunkler Vordergrund vor einem hellen Hintergrund von Bergen oder Wolken aufgenommen werden soll: die obere Hälfte des Filters dunkelt dann die Berge ein oder zwei Blendenstufen ab. Ein Polarisationsfilter (mit maximalem Effekt in rechtem Winkel zur Sonne) kann nach Belieben verwendet werden, wenn Sie bei milchigem Himmel oder im Dunst mehr Kontrast haben wollen.

Filme Kaufen Sie Ihren Filmvorrat vor Antritt der Reise. Verlassen Sie sich nicht darauf, daß es irgendwo auf der Anfahrt zollfrei Filme zu kaufen gibt, die Ihren Bedürfnissen entsprechen. Kaufen Sie, außer im Notfall, niemals in einer Station der Antarktis, da die Filme dort oft in überheizten Räumen aufbewahrt werden. Entfernen Sie die gesamte Verpackung schon zu Hause, um draußen Probleme bei der Abfallbeseitigung zu vermeiden. (Aller Müll sollte von der Antarktis ferngehalten werden.) Numerieren Sie die Filme mit Permanentstift auf der Patrone, und vermerken Sie ggf. die Filmempfindlichkeit.

Nehmen Sie das Gepäckstück, in dem sich Ihre Filme befinden, als Handgepäck mit ins Flugzeug. Schirmen Sie es sorgfältig vor Röntgenstrahlen ab. Es gibt in Südamerika viele solche Geräte von zweifelhaftem Alter. Die IATA-Bestimmungen erlauben Ihnen, auf visueller Inspektion Ihrer Film- und Kameraausrüstung zu bestehen. Lassen Sie sich das nicht ausreden.

Wenn Sie von der Höhenluft oder Müdigkeit erschöpft sind, kann es passieren, daß Sie den belichteten Film nicht vollständig zurückspulen und Doppelbelichtung riskieren. Passen Sie deshalb gut auf. In der Aufregung oder Hektik transportieren viele Fotografen ihre Filme zu schnell weiter oder spulen sie zu schnell zurück. Das kann ebenfalls zu den erwähnten statischen Aufladungen führen. Auch wird das Filmmaterial in der Kälte brüchig, und wenn man den Film nicht langsam transportiert, können Risse entstehen. Vergewissern Sie sich, daß der Film glatt und ohne auffällige Geräusche läuft.

Feiner Treibsand ist eine Gefahr, besonders in den Dry Valleys im Viktorialand. Er kann in die Kamera eindringen, vor allem beim Wechseln des Films. Reinigen Sie die Kamera wenn möglich bei jedem Filmwechsel, zumindest aber jeden Tag mit einem Staubpinsel. Das gilt auch für die gesamte Ausrüstung.

Fotografieren im Schnee

Nichts ist ärgerlicher als überbelichtete Schneebilder. Im allgemeinen verlasse ich mich auf meinen Belichtungsmesser, aber an wolkenverhangenen Tagen kann Schnee schmutzig aussehen, wenn man ihn nicht eine oder zwei Blendenstufen überbelichtet. Das reizvollste Licht in den Polarregionen findet man früh am Morgen und abends. Vermeiden Sie, wenn möglich, Mittsommer- und Mittagslicht, da es gewöhnlich harte Kontraste ergibt. Bei sensationellen Motiven oder kompliziertem Licht ist es sinnvoll, mehrere Aufnahmen zu machen, obgleich solche Situationen in der Antarktis alle paar Stunden vorkommen können und auch an sparsamen Filmverbrauch gedacht werden sollte.

Wenn man in ein warmes, feuchtes Zelt oder Gebäude zurückkommt, wird eine sehr kalt gewordene Kamera schnell beschlagen. Setzen Sie deshalb Ihre Kamera nur allmählich der Wärme aus, und stecken Sie diese in einen Plastiksack, so daß sich die Feuchtigkeit auf dem Sack und nicht auf der Kamera niederschlägt. Oft muß man den Atem anhalten, wenn man auf den Auslöser drückt, um Erschütterungen zu vermeiden. Beim Fotografieren in großer Höhe oder bei großer Kälte kostet das große Überwindung, aber man sollte hier keine Mühe scheuen. Wenn Pulverschnee auf die Kamera gelangt, darf man ihn nicht einfach wegblasen. Denn der Atem gefriert sofort auf dem Sucher oder dem Objektiv. Ich nehme in solchen Fällen ein Handtuch.

COLIN MONTEATH

Es gibt einen besonderen Moment, auf den sich alle Fotografen freuen: Wenn sie ihre entwickelten Dias zurückbekommen, sie auf das Leuchtpult legen, mit der Lupe anschauen und dann entdecken, daß ein paar Sensationen dabei sind. Für solche außergewöhnlichen, unverlierbar auf den Film gebannten Bilder lohnen sich die vielen Stunden harter Arbeit und Mühe. Fotografieren ist eben wirklich keine leichte Arbeit, und in der Antarktis wird sie durch die Umstände zusätzlich erschwert: taube Finger und Hände, ein gefrorenes Kinn und heulende Winde sind an der Tagesordnung. Der Umgang mit der Kamera ist dort wahrlich kein Kinderspiel.

Wir vier Koautoren haben bezüglich Ausrüstung und Technik gewiß unterschiedliche Vorstellungen. Einig sind wir uns aber darin, daß unsere besten Fotos aus der Antarktis auf der künstlerischen Intuition beruhen, nicht unbedingt auf technischer Fertigkeit und Routine. Fotografie hängt immer von Ihrem gesamten Leistungsstand ab: Kennen Sie Ihr fotografisches Objekt, haben Sie es genau studiert, haben Sie Ihre Ausrüstung für das Schauspiel, das Sie sich erhoffen, bestmöglich vorbereitet? Dann brauchen Sie vor allem auch noch Glück. Sie haben es in der Antarktis mit sich schnell ändernden Bedingungen und einer Tierwelt in dauernder Bewegung zu tun. Da bleibt oft wenig Zeit zum Überlegen. Sie müssen sich auf Ihren Instinkt verlassen und blitzschnell reagieren.

Ich bevorzuge natürliches Licht. Obgleich sich manchmal Blitzlicht und Polarisations- oder Graufilter in mein Repertoire einschmuggeln, kommt es mir doch darauf an, mich an die Motive, die sich mir bieten, so gut wie möglich heranzupirschen und dann rasch zu handeln. Zufrieden bin ich nur, wenn es mir gelingt, mich einer Situation oder einem Tier gegenüber richtig zu verhalten und nicht zu stören. Ich reise auch gerne ohne viel Ballast. Ein Minimum an Ausrüstung steigert die Chance, sicher, unauffällig und schnell dorthin zu kommen, wo man hin möchte. Immer war mein Aufenthalt in der Antarktis mit extremen Begleitumständen, anstrengenden Fußmärschen und Klettertouren bei oft schauderhaftem Wetter verbunden. Natürlich gelingen mit dem Stativ schärfere Bilder, und zweifellos hat man mit zehn Objektiven und drei Kameras stets die ideale Ausrüstung zur Hand. Aber ich habe das Fotografieren nie als einen Selbstzweck betrachtet, und deshalb nehme ich meist nur zwei oder drei Objektive und nur manchmal ein Einbeinstativ mit. Ich verlasse mich besonders auf Objektive, die ein ganzes Spektrum von Brennweiten abdecken und große Bildwinkel besitzen, so daß ich schnell genug arbeiten kann. Meine bevorzugte Sammlung ist eine Reihe von Canon »L«: das 3,5 20–35-mm-Zoomobjektiv; das 300-mm- und seit kurzem das 2,8 80–200-m-Autofocus-Zoomobjektiv.

Film, Belichtung, Komposition und Tiefenschärfe

Mein bevorzugter Film ist wegen seines feinen Korns der Kodachrome 64 Professional – »professional«, weil er noch vor dem Verfallsdatum aus dem Verkaufsregal genommen wird und dadurch eine einheitliche Qualität garantiert ist. Trotzdem sollte man ihn kühl lagern und bald nach dem Kauf verarbeiten. Regulärer Kodachrome 64 (K64) tut es aber auch. Ich nehme gerne sehr lichtstarke Objektive (Blende 1.8 bis 4), so daß ich mit dem relativ wenig lichtempfindlichen PKR 64 auch bei schwachem Licht noch gut arbeiten kann. Kodachrome 25 kann ich leider nicht verwenden, weil er für meine Ausrüstung und schnellen Tieraufnahmen nicht empfindlich genug ist. Vor kurzem habe ich auch den sehr lichtempfindlichen Kodachrome 200 verwendet, der trotz des gröberen Korns an trüben Tagen vorteilhaft ist, wenn z. B. die Albatrosse ganz nahe heranfliegen. Daß Kodachrome-Dias ohne Farbverschiebungen 100 Jahre halten sollen, ist ein weiterer Vorteil.

Zwei Jahre lang machte ich einen Teil meiner Aufnahmen mit Fujichrome 50 und 100 professional, bin jetzt aber ganz davon abgekommen. Die Grüntöne sind nicht realistisch genug, was in der Antarktis wegen des vielen Tussockgrases ein besonderes Problem darstellt. Auf dem Leuchtpult und unter der Lupe scheint mir Kodachrome schärfer zu zeichnen. Kodachrome sollte man wenigstens ½ Blendenstufe unterbelichten, und wenn im Sucher ein weißer Albatros oder Schnee und Eis der Antarktis dominieren, sogar mindestens eine Blendenstufe. Man erhält auf diese Weise leuchtende Farben und vermeidet verwaschene Bleichtöne, wie sie gerade in der Antarktis gern auftreten. Ohne Unterbelichtung gehen zum Beispiel die feinen Details der Federn eines Albatros verloren, ebenso die Einzelheiten der Sastrugis im Schnee oder bröckelnde Eisgebilde.

Generell ist die korrekte Belichtungsmessung in der Antarktis problematisch. Denn alle Belichtungsmesser sind auf »normale« Lichtverhältnisse mit einer Reflexion von 18 Prozent abgestimmt, was etwa der Reflexion eines schwarzweißen Schachbretts entspricht. Zuviel Weiß im Meßfeld erzeugt ein unterbelichtetes Bild, zuviel Schwarz ein überbelichtetes. Ich vermeide diese Probleme, indem ich die Belichtungszeit an einem geeigneten Ersatzobjekt messe, das ungefähr die nötigen 18 Prozent Reflexion aufweist. Wenn kein ausreichend kontrastreiches Motiv zur Verfügung steht, genügt es meist, den Belichtungsmesser auf die eigene Handfläche zu richten. Wenn ich eine meiner Kameras (Canon T-90, EOS 1, und die neue F-1) bei gleichbleibenden Lichtverhältnissen auf meine Handfläche richte, weiß ich aus Erfahrung, daß ich damit Belichtungswerte erreiche, die um ⅔

Blendenstufen vom Optimum abweichen. Ich muß die Blende dann nur um diesen Wert weiter öffnen, um perfekt belichtete Aufnahmen zu erhalten. Ein anderes nützliches Hilfsmittel beim Messen Ihrer Belichtungszeit ist Ihre Kameratasche – außer Ihrer Hand vielleicht der einzige Gegenstand, der Ihnen draußen immer zur Verfügung steht.

Auch gewisse Leistungsmerkmale der Kamera können hier nützlich sein. Die T-90 zum Beispiel ist in der Lage, einen Mittelwert aus neun verschiedenen Meßwerten zu bilden. Das ist bei der Arbeit draußen sehr vorteilhaft. So haben Pinguine ein tiefschwarzes und leuchtendweißes Federkleid. Ein Durchschnitt aus zwei Werten, einer auf jedem Farbfeld, liefert ungefähr den 18-Prozent-Wert, den Sie als Ausgangswert brauchen, um dann über eventuelle Belichtungsmanipulationen zu entscheiden. Generell sollte man jedes interessante Motiv mehrfach wechselnden Einstellungen fotografieren, wobei die eingestellten Werte sowohl nach oben als auch nach unten variiert werden müssen. Besser sichergehen, als eine große Chance verpassen. Wenn Sie keinen Handbelichtungsmesser verwenden und sich nur auf die TTL-Messungen verlassen, sollten Sie daran denken, daß zuviel Weiß oder Schwarz im Sucher den Belichtungsmesser überlisten kann. Dominantes Weiß führt zu einer Unterbelichtung von zwei oder drei Blendenstufen. Dominantes Schwarz hat den gegenteiligen Effekt.

Ich habe mit Erfolg zu allen Tageszeiten und unter allen Lichtverhältnissen von heller Sonne bis zu dichtem Nebel fotografiert und dabei die Erfahrung gemacht, daß die Mittagszeit am problematischsten ist, da der Glanz auf den Objekten und die Kontraste zu stark sind. Die besten Zeiten zum Fotografieren sind daher der Morgen und der Abend, wenn es mehr Schatten gibt und die Sonne tiefer steht. Nehmen Sie auch bei Wolkentagen, wie sie in der Eiswildnis häufig sind, Ihre Kamera mit! Das von Eis und Wasser reflektierte Licht bietet besonders weiche Farbtöne.

Eine andere Aufgabe ist die Komposition der Bilder. Ich folge dabei ein paar Leitlinien: Plazieren Sie das eigentliche Motiv niemals in der Mitte des Suchers, und beachten Sie sorgfältig den Hintergrund. Stellen Sie Ihr Hauptobjekt eher an den Rand des Sucherfeldes. Vergewissern Sie sich dann, daß Ihr Hauptmotiv nicht durch dominante Nebensächlichkeiten in seiner Wirkung beeinträchtigt wird. Wenn Sie sich nämlich nur auf Ihr Motiv konzentrieren, besteht die Gefahr, daß sich Ansichten ins Bild schieben, die Sie gar nicht fotografieren wollten.

Tierbilder erfordern kurze Verschlußzeiten und große Blenden. Dies hat zur Folge, daß oft nur das Objekt scharf gezeichnet wird, da das Bild nur wenig Tiefenschärfe aufweist. Wenn Sie hingegen eine Landschaft fotografieren wollen, sollten Sie für größte Tiefenschärfe ein Weitwinkelobjektiv verwenden und längere Verschlußzeiten wählen. Betrachten Sie das Motiv bei abgeblendetem Sucherbild – sofern Ihre Kamera das erlaubt –, um sicherzugehen, daß sich Ihr Hauptmotiv auch wirklich in der Schärfezone befindet. Mit einer einigermaßen ruhigen Hand sollten Ihnen auch mit einem Weitwinkelobjektiv ab 1/60 Belichtungszeit verwackelungsfreie Bilder aus der Hand gelingen.

Tierfotografie in der Antarktis

Wenn das Licht eine interessante Aufnahme verspricht, brauchen Sie nur noch ein kooperatives Objekt und Geduld. Nehmen Sie sich aber vor den Pelzrobben in acht! Sie sind nicht ungefährlich, rennen Sie am Strand ohne Vorwarnung um und machen sich einen Spaß daraus, auf Ihrem Rücken herumzutrampeln. Natürlich will jeder, der den tiefen Süden bereist, Seevögel im Flug aufnehmen. Dies jedoch erfordert sehr kurze Verschlußzeiten und Seebeine beim Warten auf dem schwankenden Deck des Schiffes. Ich empfehle Ihnen hierzu den sogenannten Hosking-Halter, erfunden von dem großen britischen Fotografen Eric Hosking. Ich habe ihn von Jim Snyder und Christiana Carvalho übernommen. Bei dieser Technik stecken Sie den Fuß Ihres Einbeinstativs in einen Flaggenhalter, den Sie sich vor den Bauch binden. Diese Halter, die gern von Musikkapellen auf Umzügen benutzt werden, sind billig in entsprechenden Fachgeschäften erhältlich. Diese Vorrichtung ermöglicht Ihnen eine ruhige Kameraführung, da die Schiffsbewegungen mit den Beinen ausbalanciert werden und sich nicht auf die Kamera übertragen.

Doch auf welche Sensation Sie immer stoßen mögen: Stören Sie nicht die Tierwelt der Antarktis! Jeder, der in der Antarktis fotografiert, ist verpflichtet, eine sichere Distanz zu den Tieren einzuhalten und nicht in deren Revier einzudringen. Auch sollten alle Besucher der Antarktis keinerlei Kunststoff- oder sonstige biologisch nicht abbaubare Abfälle auf dem Kontinent oder im Südpolarmeer wegwerfen, niemals Naturschutzgebiete betreten, wissenschaftliche Arbeiten behindern oder Souvenirs mitnehmen.

RON NAVEEN

Man hat die Naturfotografie als Kunst, als Mittel wissenschaftlicher Dokumentation oder als bloßes Handwerk bezeichnet, und es gibt noch einige andere Anschauungen. Auf alle Fälle erfordert sie Geduld, Hingabe, Kreativität und solide Technik. In unserem Fall trifft aber keine der genannten Charakterisierungen zu. Für uns ist Fotografie ganz einfach ein weiteres Mittel, die Natur, ihr Leben und ihre Bewohner zu beobachten und Szenen für spätere Zeiten aufzubewahren, die man dann auch mit anderen gemeinsam nacherleben kann. Wenn man also mit aufnahmebereiter Kamera an Deck eines schwankenden Schiffes steht, einen schwebenden Albatros im Sucher, so ist das keine »Arbeit«, sondern eine faszinierende Art, sich auf einen herrlichen Vogel zu konzentrieren. Wenn man einen ganzen Vormittag wartet, um einen Blick auf ein gerade ausschlüpfendes Pinguinküken zu erhaschen, so ist das kein Geduldsspiel, sondern ein aufregendes Abenteuer. Und wenn man zwischen Eisbergen eine Unterwasserkamera in Position bringt, um einen Schnappschuß auf einen tauchenden Kormoran zu landen, so ist das weniger eine Sache der Ausdauer als eine große Herausforderung.

Wir nehmen uns niemals bestimmte Aufnahmen vor, sondern streifen nur so in der Gegend herum. Wir haben keine vorgefaßten Ideen, höchstens ein paar allgemeine Vorstellungen darüber, was und wo wir fotografieren werden. Wir warten einfach darauf, was sich dem Auge bietet.

Natürlich hat die Tatsache, daß wir Fotografen uns unseren Lebensunterhalt damit verdienen, eine gewisse Bedeutung. Aber das ist zweitrangig. Wir machen es wie Maler, die keine Auftragsarbeiten annehmen, sondern nur ihren eigenen Ideen folgen und sich erst später einen Markt suchen. Das Wort »Kreativität« hören wir nicht gern. Was schaffen wir denn schon? Wir versuchen nur, mit wachen Sinnen an die Welt heranzugehen und den, manchmal sehr kurzen, Augenblick nicht zu verpassen, an dem alle Komponenten: das Licht, die Bewegung, der Hintergrund und die Stellung des Objekts, für einen ästhetisch überzeugenden Eindruck zusammenkommen.

Fotografie kann als Selektionsprozeß aufgefaßt werden. Man muß einfach spüren, welcher Teil eines breiten, vielseitigen Panoramas besonders reizvoll ist, welche Faktoren wichtig und welche unwichtig sind. Wenn man sich auf diese Faktoren konzentriert und alles Überflüssige wegläßt, intensiviert man das Detail und erhält einen fotografischen Eindruck, der viel stärker sein kann als das Original. Ein Beispiel: In der Mitte eines großen Pinguinnistplatzes steht ein einzelner Felsen, auf dem die Vögel einen Kontrast zu dem trübgrünen, moosbewachsenen Abhang bilden. In einiger Entfernung fällt gerade die Morgensonne auf einen tiefblauen, zerklüfteten Gletscher. Findet man die richtige Perspektive und wählt das für die Aufnahme geeignete Objektiv, so kann dieses Bild bei Ausschluß alles anderen weit eindrucksvoller werden als die gesamte Szene. Ein anderes Beispiel: Beim Fotografieren steiler Bergwände ist es oft reizvoller, den Himmel wegzulassen. Dadurch entsteht die Illusion einer bis ins Unendliche aufragenden Wand, während die Gesamtansicht des Berges relativ langweilig wäre.

Umgekehrt lassen sich manche Seherfahrungen unmöglich mit der Kamera einfangen. Das sind meist Szenen, die gerade von ihrer Weiträumigkeit bestimmt sind, bei denen Himmel und Vordergrund, Nähe und Ferne, tiefe Schatten und helle Sonne zu einer außergewöhnlichen Stimmung zusammenwirken. Wir nennen so etwas »Szenen, die nicht ins Gehäuse einer Kamera passen«. Falls Fotografie wirklich eine Kunst ist, kann es nur die Kunst des richtigen Sehens sein.

Lichtverhältnisse

Wir Naturfotografen arbeiten ungern mit künstlichem Licht. Blitzlicht oder anderes künstliches Licht zerstört vollständig, was wir als grundlegend für Naturfotografie erachten: die Stimmung bei natürlicher Beleuchtung. Aber sogar mit modernsten Filmen ist man nicht in der Lage, den ungeheuren Kontrast zwischen dem gleißenden Sonnenlicht auf Schnee oder Wasser und den tiefen Schatten wiederzugeben, den unser Auge wahrnimmt. Je höher die Sonne am Himmel steht und je heller sie strahlt, desto weniger ist die Fotografie in der Lage, die Sinneseindrücke wiederzugeben.

Die besten Stunden fürs Fotografieren in der Antarktis sind oft jene Stunden, in denen andere Menschen üblicherweise ihren Drink nach dem Abendessen oder ihren Morgenkaffee nehmen. Wer auf diese Bequemlichkeiten nicht verzichten will, läuft Gefahr, die eindrucksvollsten Momente des südlichen Sommers zu verpassen: Wenn die Strahlen der Sonne die Bergwände wie mit flüssigem Gold vor tintenblauem Himmel überziehen oder der silberne Mond neben gigantischen eisblauen Gipfeln winzig klein am Himmel steht.

Selbstverständlich ist Sonnenschein keine Bedingung für gute Fotografie. Dicke, schwere Wolken, so dunkel, daß der Schnee und das Eis im Kontrast dazu zu glühen scheinen, bilden dramatische Stimmungen. Dichtes Schneetreiben und Pinguine, die vereinzelt in der alles einhüllenden Weiße herumirren, geben den speziellen Charakter der Antarktis besser wieder als jeder strahlende Sonnentag. Und ein trübgrauer Himmel, der für viele Motive zu eintönig ist, läßt auf Großaufnahmen von Tieren oft exquisite Muster und Schattenspiele hervortreten, die bei zu heller Sonne gar nicht sichtbar würden.

Die meisten Robben und Seevögel haben keine Angst vor dem Menschen, wenn man sich ihnen rücksichtsvoll und einfühlsam nähert. Dadurch ergeben sich vielfältige Situationen, bei denen Sie nicht nur in aller Ruhe die von Ihnen gewünschte Perspektive und Position wählen können. Sie können auch bequem einen reizvollen Vorder- oder Hintergrund wählen. Wenn immer man sich den Standort frei wählen kann, sollte man sich für eine sehr bodennahe Perspektive entscheiden – auf gleicher Höhe mit dem Tier oder noch niedriger. Dies begünstigt den Eindruck von Kraft, Leben und Würde im Objekt. Man kann dabei auch viel besser den passenden Hintergrundausschnitt auswählen. Von der normalen, überhöhten Position des stehenden Menschen verschmelzen Tiere, die kleiner als wir selbst sind, meist unvorteilhaft mit einem diffusen Hintergrund. Freilich ist ein guanoverschmierter Fotograf, der den lieben langen Tag auf dem Bauch durch einen Pinguinnistplatz gekrochen ist, in feiner Gesellschaft nicht unbedingt gern gesehen.

Ausrüstung und Kameras

Um uns die Möglichkeit offenzuhalten, Objektive auszutauschen, verwenden wir beide Nikonsysteme. Doch in der Praxis tauschen wir selten, weil die gegenseitige Abhängigkeit unsere Bewegungsfreiheit einengen würde. Wir benutzen auch verschiedene Kameramodelle. Mark schwört wegen ihrer Robustheit auf die Nikon F-3 und Tui auf die leichtere, aber etwas angejahrte Nikon FE-2, weil sie die einzige Spitzenkamera mit Nachführbelichtungsmessung ist. Beide Modelle ermöglichen die manuelle Einstellung von Blende und Belichtungszeit, was wir gegenüber der modischen Automatik vorziehen. Für schnelle Aktionen und normale Tierfotografie benützen wir stets Winder, solange wir uns in den relativ warmen Küstenregionen der Antarktis aufhalten. Jeder von uns nimmt sechs Objektive und nur eine Kamera mit, um minimales Gewicht mit maximaler Flexibilität bei der Wahl der Perspektive zu verbinden. Das Ersatzkameragehäuse bleibt in der Regel im Lager. Unsere Objektive sind nicht identisch, decken aber eine Reichweite von 18 bis 300 mm ab. Dazwischen liegen zwei mittlere Zoomobjektive: Nikkor 32–76 mm und 75–150 mm. Für Tierfotografie aus der Hand bei schwachem Licht schätzen wir besonders unsere lichtstarken (2.8) Tamron-Teles mit 180 mm und 300 mm. Besonders bei schwachem Licht wünscht man sich immer wieder höherempfindliche Filme. Aber von allen Diafilmen, die wir bisher verwendet haben, bringt nur Kodachrome 64 die erforderliche Leistung: Mit bewundernswerter Treue läßt er die sanften Zeichnungen und zarten Schatten auf fast konturlosen Schneekappen hervortreten. In der Antarktis sind kräftige Farben selten. Da stört auch der geringste Farbstich, und man verläßt sich lieber auf das bewährte professionelle Material.

Unsere ganze Ausrüstung, einschließlich eines guten Vorrats an Filmen und Feldstechern plus einem kleinen Sortiment von unbedingt notwendigen Dingen (Streichhölzer, Signalspiegel, Angelhaken, Blitzlicht, Federmesser, Sonnenbrille), paßt in nach Maß selbstgebaute, feste Sperrholzkästen (26x38x13 cm und 8,5 kg für Mark, und 26x32x12 cm und 7 kg für Tui). Sie sind nur wenig schwerer als ein Rucksack und zum Klettern nicht geeignet, aber zuverlässig wasserdicht, staubdicht und stoßfest. Ohne diese Behältnisse würde unsere Ausrüstung den tagtäglichen Einsatz unter harten Bedingungen auf dem Meer und im Eis vermutlich nicht lange überstehen. Der Inhalt ist griffbereit, wenn man den Kasten wie einen

Bauchladen trägt. Man braucht dabei keine flache Unterlage, nicht einmal eine freie Hand. Wenn die Kamera nicht im Koffer ist, wird sie an einer Art Geschirr aus reißfesten Bändern und einigen kleinen Karabinern getragen. Dieses Geschirr wird kreuzweise über den Rücken geschnallt. Es gewährt Bewegungsfreiheit vom Bauch bis zum Auge, die Kamera baumelt nicht lose herum und kann nicht herunterfallen, wenn sich einmal einer der Riemen am Gehäuse selbst löst.

Da wir uns vorher nichts vornehmen und fast ziellos die Landschaft durchstreifen, sind wir mit Stativen nie glücklich geworden. Die zusätzliche Traglast, die Verzögerung bei überraschenden Situationen und die umständliche Handhabung bei der Suche nach der günstigsten Perspektive haben uns zu der Überzeugung gebracht, daß man in der Antarktis immer aus der Hand fotografieren und bei langen Brennweiten nie unter $1/250$ Sekunden Belichtungszeit fotografieren sollte. Natürlich hat der Verzicht auf das Stativ auch seinen Preis, so wenn uns die Lichtverhältnisse dazu zwingen, auf Fels oder Eis eine feste Auflage für die Kamera zu finden.

Rücksicht auf andere Arten

Für den passionierten Fotografen ist die Antarktis das reinste Paradies. Darüber vergißt man nur allzu leicht den stillen Frieden dieser Welt. Übereifrig und vielleicht unter Zeitdruck, bewegen sich viele Fotografen viel zu hastig. Damit wirken sie bedrohlich auf die Tiere und stören so gerade die Harmonie und Schönheit, die sie doch auf ihren Film bannen wollen. Wenn man sich einem Motiv nähert, sollte man daher nicht nur auf das Objekt selbst Rücksicht nehmen, sondern auch die Reaktionen der anderen Tiere in der Nähe sorgfältig beobachten. Das Vertrauen etwa der Pingiune gewinnt man normalerweise schon, wenn man den Größenunterschied zwischen ihnen und uns durch eine hockende Stellung ausgleicht und sich sehr langsam und behutsam bewegt. Sobald die »Sitzung« vorbei ist, sollte man sich mit gleicher Sorgfalt zurückziehen. Auf eine Skuamutter, die ihre Eier ausbrütet, wirkt die schwankende Gestalt eines sich entfernenden Menschen genauso bedrohlich wie die eines sich nähernden. Einige Vögel fliegen auf, wenn sie erschreckt werden, und setzen dadurch die Eier oder Jungen dem Wetter und den Raubtieren aus. Andere, wie die Skua, beantworten Störungen mit einem Angriff. Wenn so etwas geschieht, heißt das immer, daß wir selbst uns falsch verhalten haben, und niemals dürfen wir uns rächen, indem wir etwa auf den Verteidiger des Nestes einschlagen. Ziehen wir uns in solchen Fällen so schnell und unaufdringlich wie möglich zurück! Die Fotografie gibt uns ebensowenig wie die Wissenschaft das Recht, uns ins Leben jener Wesen zu drängen, zu deren Studium und Bewunderung wir von so weit hergekommen sind. In der Antarktis sind alle Menschen nur Besucher. Wir betreten hier die Privatsphäre der Tiere!

TUI DE ROY
MARK JONES

Karten

Dieses Computer-Mosaikbild vom antarktischen Kontinent wurde vom British National Remote Sensing Centre erstellt. Dabei wurden radiometrische Daten verwendet, die NOAA-Satelliten auf ihren Polflügen zwischen 1980 und 1983 sammelten.

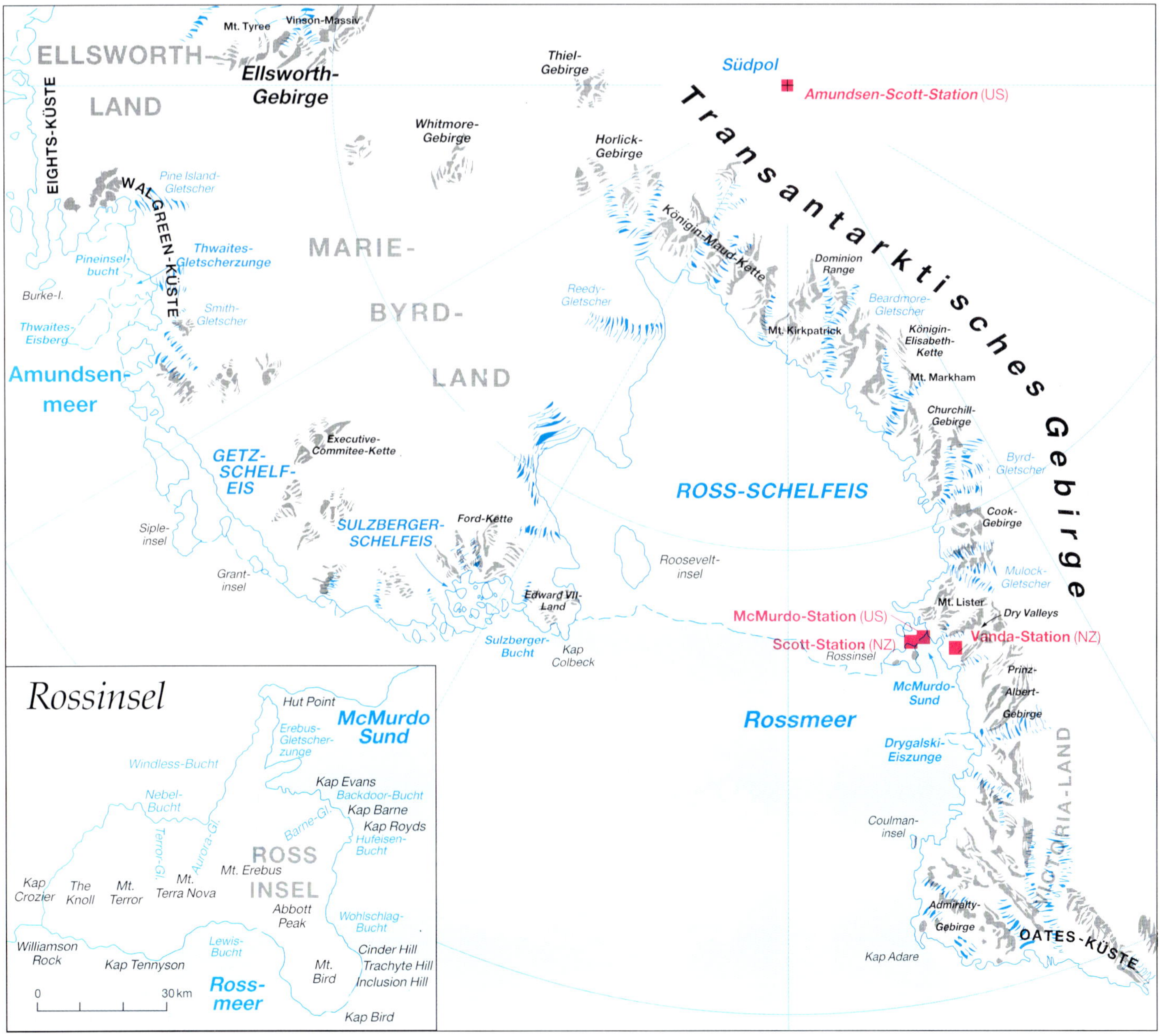
Mt. Tyree
Vinson-Massiv
ELLSWORTH-
LAND
Ellsworth-
Gebirge
EIGHTS-KÜSTE
Thiel-
Gebirge
Südpol
Amundsen-Scott-Station (US)
Transantarktisches Gebirge
Whitmore-
Gebirge
Horlick-
Gebirge
WALGREEN-KÜSTE
Pine Island-
Gletscher
Thwaites-
Gletscherzunge
Pineinsel-
bucht
Burke-I.
Smith-
Gletscher
Thwaites-
Eisberg
MARIE-
BYRD-
LAND
Königin-Maud-Kette
Dominion
Range
Reedy-
Gletscher
Beardmore-
Gletscher
Mt. Kirkpatrick
Königin-
Elisabeth-
Kette
Mt. Markham
Amundsen-
meer
Churchill-
Gebirge
Executive-
Commitee-Kette
GETZ-
SCHELF-
EIS
Byrd-
Gletscher
ROSS-SCHELFEIS
Siple-
insel
SULZBERGER-
SCHELFEIS
Ford-Kette
Cook-
Gebirge
Roosevelt-
insel
Grant-
insel
Mulock-
Gletscher
Edward VII-
Land
Mt. Lister
McMurdo-Station (US)
Dry Valleys
Scott-Station (NZ)
Vanda-Station (NZ)
Rossinsel
Sulzberger-
Bucht
Kap
Colbeck
Prinz-
Albert-
Gebirge
McMurdo-
Sund
Rossmeer
Drygalski-
Eiszunge
VICTORIA-LAND
Coulman-
insel
Admiralty-
Gebirge
OATES-KÜSTE
Kap Adare
Rossinsel
Hut Point
McMurdo
Sund
Erebus-
Gletscher-
zunge
Windless-Bucht
Kap Evans
Backdoor-Bucht
Nebel-
Bucht
Kap Barne
Barne-Gl.
Kap Royds
Hufeisen-
Bucht
Terror-Gl.
Aurora-Gl.
ROSS
INSEL
Mt. Erebus
Kap
Crozier
The
Knoll
Mt.
Terror
Mt.
Terra Nova
Abbott
Peak
Wohlschlag-
Bucht
Lewis-
Bucht
Williamson
Rock
Kap Tennyson
Cinder Hill
Trachyte Hill
Inclusion Hill
Mt.
Bird
0
30 km
Ross-
meer
Kap Bird

Antarktische Halbinsel

Zu den Autoren

RON NAVEEN ist Naturwissenschaftler, Bergführer, Schriftsteller und Fotograf. Er gründete »Oceanites«, eine Stiftung zur Belebung des öffentlichen Interesses an der Tierwelt der Ozeane, und gibt die Zeitschrift »The Antarctic Century« heraus. Seine Artikel und Fotos sind im »Audubon Society Master Guide to Birding«, »Birding«, »American Birds«, »The Living Bird Quarterly« und »National Geographic World« erschienen.

COLIN MONTEATH ist Fotograf, Naturwissenschaftler, Bergsteiger, Expeditionsleiter, Fremdenführer und Schriftsteller mit Wohnsitz in Neuseeland. Er war der Bildredakteur und Cheffotograf des international anerkannten »Reader's Digest Book of Antarctica«. Seine Bildkalender von den Hochgebirgen der Erde und der Antarktis haben ein weltweites Echo gefunden.

TUI DE ROY ist Fotografin, Naturwissenschaftlerin, Reiseleiterin und Schriftstellerin mit Sitz auf den Galapagosinseln. Ihr Buch »Galapagos: Islands Lost in Time« (Viking) stand viele Jahre auf der Bestsellerliste, und ihre Fotos und Artikel erschienen in zahlreichen Zeitschriften, u. a. »Smithsonian«, »National Wildlife«, »International Wildlife«, »Natural History«, »California Discovery« und »Audubon«.

MARK JONES ist Fotograf, Naturwissenschaftler, Reiseleiter und Schriftsteller mit Wohnsitz auf den Galapagosinseln. Seine Fotos sind in »Smithsonian«, »National Wildlife«, »International Wildlife« und »National History« erschienen.

Die Deutsche Bibliothek – CIP-Einheitsaufnahme

Die Antarktis lebt: eine faszinierende Reise ins ewige Eis / [Ron Naveen . . .]. Aus dem Engl. von Konrad Dietzfelbinger. – München: Frederking und Thaler, 1991
Einheitssacht.: Wild ice <dt.>
ISBN 3-89405-304-6
NE: Naveen, Ron; Dietzfelbinger, Konrad [Übers.]; EST

(CM)

3. Auflage 1993

Herausgegeben von Monika Thaler
Redaktion und Produktion:
VerlagsService Dr. Helmut Neuberger
& Karl Schaumann GmbH, Heimstetten
Satz: Filmsatz Schröter GmbH, München
Druck und Bindung: Druckerei Uhl, Radolfzell
Printed in Germany
ISBN 3-89405-304-6

(TDR)

In memoriam

Am 5. März 1990 kam Giles Kershaw bei einem Flugzeugunglück in der Antarktis ums Leben. Mit seinem Tod wurde ein vorbildlicher Flieger der Antarktis aus unserer Mitte gerissen. Im Lauf von fünfzehn antarktischen Sommern überflog er praktisch den ganzen Kontinent. Er war einer der Pioniere bei der Benutzung von Eislandebahnen. Auf seinen Flügen sammelte er wissenschaftliche Daten für den British Antarctic Survey. Einmal plante und führte er die Rettung einiger Wissenschaftler durch, die auf einer Eisscholle gefangen waren und hoffnungslos verloren schienen. Diese Aktion wird uns als einzigartige Demonstration von Mut und Hilfsbereitschaft immer in Erinnerung bleiben. Giles hatte den Wunsch, die Antarktis als unberührte Natur zu erhalten, als ein Gebiet nur für wichtige wissenschaftliche Forschungen und Besucher mit Sinn für ökologische Zusammenhänge. Alle, die auf seinen Spuren diesen herrlichen, unberührten Kontinent betreten, verdanken ihm viel.

D.C.W.